Praxisbuch Trauergruppen

YES, we can!
FC Schalke 04
FC Schalke 04
Kleiner Pechvogel
don't cry ...
take a Smile
DEPRI-
TUCH
Alles wird gut!

Mechthild Schroeter-Rupieper

Praxisbuch Trauergruppen

Grundlagen und kreative Methoden für Erwachsene,
Jugendliche und Kinder

Patmos Verlag

VERLAGSGRUPPE PATMOS

PATMOS
ESCHBACH
GRÜNEWALD
THORBECKE
SCHWABEN
VER SACRUM

Die Verlagsgruppe
mit Sinn für das Leben

MIX
Papier | Fördert gute Waldnutzung
FSC® C083411

Klimaneutral
Druckprodukt
ClimatePartner.com/14549-2003-1001

Die Verlagsgruppe Patmos ist sich ihrer Verantwortung gegenüber unserer Umwelt bewusst. Wir folgen dem Prinzip der Nachhaltigkeit und streben den Einklang von wirtschaftlicher Entwicklung, sozialer Sicherheit und Erhaltung unserer natürlichen Lebensgrundlagen an. Näheres zur Nachhaltigkeitsstrategie der Verlagsgruppe Patmos auf unserer Website www.verlagsgruppe-patmos.de/nachhaltig-gut-leben

5. aktualisierte Auflage 2023

Verlagsgruppe Patmos in der Schwabenverlag AG, Ostfildern
www.patmos.de

Umschlaggestaltung: Finken & Bumiller, Stuttgart
Umschlagabbildung: Mechthild Schroeter-Rupieper (oben), www.photocase.com/designritter (unten)
Druck: CPI books GmbH, Leck
Hergestellt in Deutschland
ISBN 978-3-8436-0674-5

Inhalt

Vorwort

»Da muss man ganz alleine durch«, ist ein Satz, der eher typisch für schwere Zeiten ist. Es ist seltsam, dass er in fröhlichen Momenten nicht benutzt wird. In guten, normalen und schwierigen Zeiten sind Wegbegleiter an unserer Seite lebens- und häufig sogar überlebenswichtig. Deshalb liegt mir neben der individuellen Begleitung von trauernden Familien die Arbeit mit Trauergruppen so sehr am Herzen. Und deshalb habe ich dieses Buch geschrieben. Viele Seminarteilnehmende, Kolleginnen und Kollegen aus der Trauerbegleitung, Lehrerinnen und Lehrer, Seelsorgende und Erziehende, mit denen ich zusammenarbeite, haben mich dazu ermutigt.

Die Inhalte dieses Buches sind ein Spiegelbild meiner langjährigen Praxistätigkeit, die ich als Familientrauerarbeit konzipiert habe und ständig aktualisiere. Es ist ein praxiserprobtes Konzept, das in Seminaren meines Instituts im ganzen deutschsprachigen Raum vielerorts erfolgreich umgesetzt wird. Ich beanspruche in meiner Arbeit nicht das Recht auf Vollkommenheit. Lassen Sie sich einfach überraschen, irritieren, faszinieren und von meinen Ideen animieren, diese wichtige und spannende Trauerarbeit lebendig mitzugestalten.

Das Buch ist in drei Teile gegliedert:
Im ersten Kapitel finden Sie wichtige Grundlagen zur Trauerarbeit mit Kindern, Jugendlichen und Erwachsenen. Daran schließen sich Überlegungen und Hinweise für die Gestaltung von Trauergruppen an. Beide Kapitel basieren auf der Verbindung von Trauertheorien und meiner Praxistätigkeit mit Familien. Alle Menschen benötigen verständliche Informationen, um sich in Verlustzeiten als »normal« und dadurch wieder selbstwirksam erleben zu können. In den weiteren Kapiteln des Buches stelle ich konkrete Inhalte und Abläufe für die Gruppenarbeit mit unterschiedlichen Zielgruppen

vor. Diese sind alle praxiserprobt und an den alltäglichen Bedürfnissen trauernder Menschen orientiert.
Die Methoden und Impulsfragen können in Trauergruppen, aber auch Unterrichtseinheiten, Projekten und Einzelbegleitungen eingesetzt und auch in den unterschiedlichen Trauer- und Altersgruppen variiert werden.
Alle Arbeitsblätter zu diesem Buch können Sie auf meiner Homepage www.familientrauerbegleitung.de unter dem Menüpunkt »Download« kostenlos herunterladen.

Eindruck braucht Ausdruck – damit man nicht platzt. Nicht vor Freude, nicht vor Traurigkeit. Dies wünsche ich jedem von uns, dass wir in allen Lebenslagen alleine, zu zweit oder in Gruppen eine Form finden, unser Leben mit seinen Höhen und Tiefen gut zu gestalten.

Gelsenkirchen, im Sommer 2015

Mechthild Schroeter-Rupieper

Material, das mit gekennzeichnet ist, kann auf www.familientrauerbegleitung.de kostenlos heruntergeladen werden.

Trauer verstehen und begleiten – Grundlagen für die Arbeit mit Trauergruppen

»Was, ihr trefft euch freiwillig in einer Trauergruppe, um da gemeinsam zu weinen? Das könnte ich nicht! Das zieht einen bestimmt total runter!« Äußerungen wie diese kennen fast alle, die Trauergruppen besuchen oder anbieten. Obwohl heute immer mehr darauf hingewiesen wird, dass ein offener Umgang mit Abschied, Tod und Trauer notwendig ist, begegnen einem im Alltag nach wie vor viele Ängste, Unsicherheiten und Vorurteile.

Es gibt viele unterschiedliche Angebote in Institutionen der Trauerbegleitung, Gemeinden, Wohlfahrtsverbänden und Hospizen. Die einen Anbieter von Trauergruppen legen ihren Schwerpunkt auf den Austausch innerhalb von Schicksalsgemeinschaften, andere setzen emotionale, kulturelle oder spirituelle Schwerpunkte oder ermöglichen einfach einen gemütlichen Treff im Rahmen eines Trauercafés.

Einen wichtigen Aspekt sollte aber jede Trauergruppe beinhalten: dass Menschen, die diesen Ort in einer Krisenzeit aufsuchen, dort Unterstützung und Beistand in einer von Verlust, Chaos und Neubeginn geprägten Zeit erhalten.

Meine Arbeit mit Trauergruppen hat sich in den vergangenen 20 Jahren deutlich verändert und weiterentwickelt. Habe ich anfangs noch Wert auf Texte mit spirituellen und hoffnungsvollen Gedanken und Bildern gelegt, wurde mir nach und nach klar, dass ich den Trauernden damit ein »Programm« vorlege, das in meinem Kopf entstanden, aber oft weit entfernt vom Traueralltag ist.

Zum Beispiel bot ich verwitweten jungen Männern und Frauen eine siebenteilige Gesprächsreihe über einen Baum als Gleichnis zur Trauer an. Mein Hauptaugenmerk lag damals hauptsächlich darauf, Sinnbilder zu finden. Das hat sich durch Erfahrungen aus Gesprächen und der Alltagspraxis in trauernden Familien nach und nach deutlich verschoben.

Hat früher eine Frage von mir gelautet: »Was gibt mir Nahrung in schweren Zeiten?«, lautet sie heute eher: »Finden bei uns zu Hause noch regelmäßige Mahlzeiten statt? Koche ich bewusst gesund oder gibt es aus Zeitgründen nur noch Fastfood?«

Wir reden in unseren Trauergruppen über »das, was war«, »das, was ist« und »das, worauf ich hoffe«. Wir reden über Schwiegereltern, Sexualität, Psychohygiene, Schuldgefühle, ja, tatsächlich über Gott und die Welt.

War ich früher der Auffassung, dass alle Trauernden, die Hilfe aufsuchen, einen liebevollen Menschen vermissen, ist mir heute bewusst, dass es nicht wenige Teilnehmende bei uns gibt, deren Beziehungen schon vor der Krankheit kriselten. Deshalb sind facettenreichere Gesprächsimpulse notwendig, die ein ganzer Wald nicht bieten kann, wenn ich auf das Beispiel »Gesprächsreihe Baum« zurückblicke.

Heute ist der rote Faden in meinen Trauergruppen nicht der Themenaufbau (Wurzel, Baumstamm, Äste, Blüten und Blätter ...), sondern das Wissen um die Trauertheorien, insbesondere das Trauermodell von J.W. Worden, und die Alltags-Trauer-Realität der Menschen, die unsere Hilfe anfragen.

Wenn wir darum wissen, wird uns der Einsatz von anschaulichen Themen und Bildern leichterfallen. Diese Impulse von Bildern, Liedern, Texten und kreativem Gestalten machen den Austausch in Trauergruppen lebendiger. Die tatsächliche Attraktivität von Trauergruppen kommt jedoch erst durch die Mischung eines fachlich kompetenten Hintergrunds mit interessanten und kreativen Denk- und Handlungsmodellen zustande.

Behalten wir vielleicht immer den Gedanken im Bewusstsein: Es ist die Aufgabe von allen Lehrenden, Themen abwechslungsreich zu vermitteln, damit die Gruppenarbeit zur Lebenswirklichkeit passt und von den Trauernden trotz der allgemeinen Tendenz, in Krisensituationen zu flüchten, angenommen statt vermieden wird.

Trauergruppen brauchen eine Attraktivität, die es lohnenswert macht, daran teilzunehmen.

Trauergruppen brauchen Fachlichkeit und Lebendigkeit.

Sichtbare und unsichtbare Trauer

Trauer ist eine normale, psychohygienisch gesunde Reaktion auf einen erlittenen Verlust. Menschen in sämtlichen Kulturen, in jedem Lebens- und Zeitalter erleben sie, doch wird sie aufgrund geschichtlicher und kultureller Herkunft oder eigener Persönlichkeit unterschiedlich ausgedrückt.

Ritualisierungen helfen, Trauer zu verdeutlichen und zu bearbeiten, aber auch zu beenden. In unterschiedlichen kulturellen und religiösen Kontexten haben sich unterschiedliche Trauerkulturen entwickelt. In einer Diskussion nach einem Vortrag über Trauer und Abschiednehmen in einem Kindergarten erlebte ich deutsche Mütter, die die südländischen Menschen um ihren Trauerausdruck beneideten. »Die dürfen laut klagen, schreien, sich die Kleider zerreißen. Wir trauen uns ja noch nicht einmal, vor anderen zu weinen.« Die anwesenden türkischen Frauen hingegen beklagten, dass ihre Trauerzeit auf eine bestimmte Anzahl von Tagen begrenzt sei, und bedauerten, dass sie so schöne Rituale, wie Geschenke ins Grab zu geben und Särge zu bemalen, nicht praktizieren dürfen.

Hier wird neben der kulturellen Prägung ein »Zeichen der Zeit« deutlich: Wenn wir unreflektiert Rituale aus unserer Kultur oder Religion übernehmen, kann es geschehen, dass sie sinn-entleert scheinen oder es tatsächlich sind, auch wenn sie zur Zeit ihrer Entwicklung durchaus ihre Berechtigung hatten. Wüssten die Menschen jedoch um den ursprünglichen Sinn und nicht nur die Form der Rituale, so würden sie diese gut nutzen und ihrer Situation entsprechend verändern können.

Wie lebe ich meine Trauer? Welche Rituale durfte ich nutzen? Wie habe ich in meiner Familie den Umgang mit Leid und Trauer kennenlernen dürfen? All das können Fragen in einer Trauergruppe sein. Sie bieten die Möglichkeit, den Teilnehmenden gesellschaftliche und geschichtliche Hintergrundinformationen zukommen zu lassen. Denn sich selbst zu reflektieren, andere Menschen in ähnlichen Situationen kennenzulernen und zusätzlich noch Sachinformationen zu erhalten, gibt Sicherheit und oftmals Trost in Krisenzeiten.

Laut Wikipedia bezeichnet der Begriff »Trauer« eine durch ein betrübendes Ereignis verursachte Gemütsstimmung und deren Kundgebung nach außen. Das Trauern könne auch ein Überwinden von Leid bedeuten, heißt es da. Im Duden wird die Herkunft des Wortes Trauer dem Mittelhochdeutschen »truren« zugeschrieben, was so viel heißen soll wie: »den Kopf sinken lassen und die Augen schließen«.

In beiden Beschreibungen kommt zum Ausdruck, dass Trauer »nach außen« sichtbar gemacht wird. Diese Sichtbarkeit wird u.a. deutlich durch Weinen, Klagen, Jammern, Schreien, Haareraufen und vieles weitere, was der Umwelt signalisiert: Dieser Mensch ist traurig.

Schwierig wird es jedoch bei Reaktionen, die wir der Trauer nicht sofort zuordnen, wie z.B. Aggression, undefinierbare Ängste, übertriebene Angepasstheit oder angestrengte Heiterkeit. In diesem Verhalten erkennt die Lehrerin meistens keine trauernde Schülerin und die Nachbarschaft keinen trauernden Witwer. Deshalb erlebe ich in der Praxis so widersprüchliche Situationen:

Nach dem Tod der Mutter eines fünfjährigen Kindergartenkindes wird der Vater, der fragt, ob mit dem Kind alles »o.k.« sei, von der Erzieherin mit den Worten beruhigt: »Machen sie sich keine Sorgen! Ihr Kind ist völlig unauffällig.« Damit meint sie: Das Kind weint nicht und zeigt auch ansonsten keine auffälligen Trauerreaktionen, die schmerzhaft und damit beunruhigend sein könnten. Die Aussage kann so übersetzt werden: »Das Kind ist zum Glück nicht traurig!«

Das, was den Vater beruhigen soll, müsste ihn und auch die Erzieherin eigentlich in Alarmstimmung versetzen! Denn die große Frage müsste nun sein: »Warum trauert das Kind nicht, obwohl seine Mutter verstorben ist?« Oder: »Warum zeigt das Kind die Trauer nicht nach außen?«

Der Vater würde die Erklärung benötigen, dass Kinder nur das betrauern können, was sie verstehen. Und fünfjährige Kinder nehmen aktuell zwar wahr, dass die Mama weg ist, nicht aber, dass sie wirklich nie mehr wiederkommen wird. Würden sie dieses »nie wieder«, würden sie den Begriff »Tod« begreifen, würden sie sehr deutlich und direkt Trauerreaktionen zeigen.

Wir können immer davon ausgehen, dass bei einem Verlust, der von Bedeutung ist, Trauerreaktionen vorhanden sind, ob wir sie im Außen wahrnehmen oder nicht. Denn Trauer wird nicht von allen öffentlich gelebt: Die einen trauern offen-sichtlich, andere nutzen Strategien, die im Stillen, in der Abgeschirmtheit funktionieren, wie z. B. beten, schreiben, Musik hören, spazieren gehen oder mit vertrauten Menschen sprechen; wieder andere dagegen zeigen keine erkennbare Trauer, weil sie Trauergefühle unterdrücken, den Schmerz nicht wahrhaben wollen oder der Umgebung entsprechen möchten (»Sei doch nicht so traurig«). Aber auch der, der Trauer unterdrückt, ist traurig.

Trauer ist Veränderung

Ein Verlust löst Traurigkeit, Konflikte und Krisen aus. Trauer ist ein Prozess, der durchlebt werden muss, damit der veränderte Alltag mit einem veränderten Selbstbewusstsein eines Tages wieder im Fluss gelebt werden kann. Trauer ist keine Krankheit. Trauer benötigt in der Regel keine Medikamente und keine Therapie. Trauer darf jedoch Begleitung erfahren.

Noch immer sprechen viele Menschen von einem Trauerjahr. Sie erwarten (und hoffen), dass sich Trauernde, nachdem ein Jahr »ohne« vergangen ist und alle Geburts-, Gedenk- und Feiertage neu erlebt wurden, sprich: der Verlust begriffen und ausreichend betrauert wurde, im folgenden Jahr der Veränderung anpassen. Diese Haltung verunsichert viele Trauernde, insbesondere die, die nach einem Jahr den Verlust realisieren und deshalb erst ab dem Moment des Realisierens Verlustreaktionen zeigen.

Etliche Menschen empfinden das zweite Trauerjahr schmerzvoller als die erste Zeit, weil sie immer weitere Verlustdimensionen begreifen. Anfangs betrauern Eltern, deren einziges Kind verstarb, den Verlust ihres Kindes. Nach und nach betrauern sie vielleicht, dass sie im Alter keine Unterstützung vom Kind erhalten können oder dass sie niemals Enkelkinder bekommen werden. Immer mehr zu begreifen, was man verloren hat, kann immer neue Trauerschübe auslösen.

Das Unverständnis in weiten Teilen der Gesellschaft wird von Teilnehmenden sowohl in den Jugendgruppen wie auch in Erwachsenengruppen immer wieder beklagt. Die Klage braucht dort einen Raum, aber sie braucht auch Bewältigungsstrategien, wie man mit diesen Verletzungen und mancher Ignoranz gut und ohne Verbitterung weiterleben kann.

Einige Trauernde hoffen, dass eines Tages, möglichst bald, alles wieder so wird »wie vorher«. Diese Hoffnung wird jedoch unerfüllt bleiben. Dass ein nahestehender Mensch plötzlich fehlt, kann man ertragen und überleben, aber man kann den vorherigen Zustand nicht wieder herstellen. Mit dem Moment des Verlustes beginnt die persönliche Veränderung, von der wir wissen, dass es unrealistisch ist, sie zu verhindern. Und daher wird es nicht mehr, wie es war, aber es kann dennoch wieder gut werden. Anders gut.

Insbesondere bei jung verwitweten Männern und Frauen erlebe ich hin und wieder den Gedanken: Was wäre, wenn meine Frau, mein Mann, wieder zurückkäme? Würde er mich so wiedererkennen? Würden wir noch zueinander passen, da wo wir uns nicht miteinander verändert und weiterentwickelt haben?

Trauermodelle: Stärken und Schwächen

Wichtige Ressource und Orientierungspunkt sowohl in Einzelbegleitungen als auch in der Trauergruppenarbeit ist für mich das LAVIA Lebensweg- und Trauermodell und das Bild des Labyrinths – wohlwissend, dass Trauermodelle keine Rezepte sind, die man eins zu eins übernehmen kann oder soll, um Trauer schnellstmöglich hinter sich zu lassen.

Aber Trauermodelle

- können dem trauernden Menschen eine Orientierungshilfe auf dem Weg durch eine Krisenzeit sein.
- machen transparent, was in Trauerzeiten hilfreich sein kann. Sie können durch sachliche Informationen Menschen in Verlustzeiten die Befürchtung nehmen, verrückt zu werden.

- können die Vielfalt von Reaktionen und Wegen durch die Krisenzeit aufzeigen und so eine tolerantere Grundhaltung in der Unterstützung Trauernder ermöglichen.
- können Trauernden helfen, aktiv zu werden und selbst zu handeln, statt ein hilfloses Opfer des Schicksals zu werden.
- bieten trauernden Menschen bestmögliche Unterstützung in der Anpassung an die veränderten Lebensumstände an.
- treffen sowohl auf Kinder wie auch auf Jugendliche und Erwachsene zu.
- können im sozialen Umfeld dazu dienen, Verständnis für die Reaktionen Trauernder aufzubringen.
- können im familiären Umfeld hilfreich sein, verschiedene Trauerreaktionen zu erkennen und zu akzeptieren.

Gleichwohl liegen in Trauermodellen auch Gefahren:
- Trauermodelle können falsch verstanden werden, wenn man sie als Pflichtaufgabe und nicht als Orientierungs- und Informationsangebot darstellt.
- Wenn man aus Trauerphasen-Modellen ableitet, man müsse von einer Stufe zu nächsten schreiten, kann dies Trauernde verunsichern und das Gefühl vermitteln, sie würden verkehrt trauern. Tatsächlich ist Trauer sprunghaft und nicht in Reihenfolgen festzumachen.

Trauer ist ein höchst individueller Prozess, der geschichtlich und kulturell geprägt ist, persönlichkeitsorientiert verläuft und durch verschiedene Variablen beeinflusst wird:
- War die Beziehung zum verstorbenen Menschen, die Stärke der Verbindung, die vermittelte Sicherheit notwendig fürs Selbstwertgefühl?
- Wer war die verstorbene Person und welche Rolle hat sie im Leben eingenommen?
- War es ein Kind, ein Elternteil, die Freundin und einzige derzeitige Gesprächspartnerin in der Pubertät?
- War es eine sichere, unsichere, ambivalente oder zu enge Bindung?

- Gab es Konflikte mit dem Verstorbenen bzw. abhängige Beziehungen?
- Wie starb die Person? War die Todesursache überraschend, dramatisch oder mit Gewalt verbunden?
- Starb der Mensch an einer stigmatisierten Todesursache wie z. B. Aids oder Drogen?
- Geschah der Tod in unmittelbarer Nähe oder weit entfernt?
- Spielen Alter, kultureller Kontext oder berufsbezogene Komponenten im Umgang mit Trauer innerhalb einer Männergesellschaft wie z. B. Soldaten, Polizisten, Feuerwehrmänner eine Rolle?
- Gab es für den Trauernden mehrere aufeinander folgende Todesfälle?
- Hätte der Tod (vermeintlich) verhindert werden können?
- Liegt ungelöste Trauer in Kindheit oder Jugend bzw. grundsätzlich in der Familie vor?
- Findet mangelnde Unterstützung im Umfeld oder sozial aberkannte Trauer statt, wie z. B. bei Abtreibungen oder verschwiegenen Liebesbeziehungen?
- Gibt es Sprachschwierigkeiten und damit verbundene Ausdrucksschwierigkeiten?
- Liegt eine geistige Behinderung vor?
- Liegt neben der Trauer eine psychische Erkrankung vor?
- Durfte der Umgang mit Grenzen, Verlusten und Krisen ab der Kindheit erlernt werden?
- Gibt es parallele Stressfaktoren wie Arbeitslosigkeit, Armut, Krankheit, Erziehungsschwierigkeiten, Hausbau etc.?
- Gibt es im Vorfeld oder aktuell ungelöste Scheidungstrauer?

Macht man sich diese Variablen bewusst, wird schnell klar, dass Trauermodelle nicht als ein statischer und festgelegter Ablauf von Phasen, Stufen oder der Reihe nach zu erledigenden Aufgaben gesehen werden dürfen. Sie sind vielmehr eine Mischung aus Kreislauf, Spirale und Labyrinth, die unterschiedlich aktiv in Bewegung kommen.

Das Trauermodell von William J. Worden

Das Trauermodell von William J. Worden macht meiner Meinung nach sehr deutlich, dass Trauer immer wieder einzigartig ist. Sie verlangt eine Aktivität, jedoch für jeden im eigenen Tempo. Dieser Gedanke kann Begleiterinnen und Begleitern helfen, mit Blick auf die persönlichen Bedürfnisse des Trauernden und dem Wissen um weitere Modelle gemeinsam einen individuellen Weg der Bearbeitung zu suchen, zu finden und zu unterstützen.

Kurz zusammengefasst sagt Worden, dass in der Trauerarbeit folgende Aufgaben bewältigt werden müssen:

- das Begreifen und Akzeptieren des Verlustes
- das Zulassen von Gefühlen und das Durchleben von Trauerschmerz
- die Fähigkeit, die mit dem Verlust einhergehenden Veränderungen zu leben, und
- die Verortung des Verstorbenen an einem guten Ort.

Weil es von Trauernden oft gelebt und genauso benannt wird, füge ich anfangs noch das Funktionieren hinzu.

In der Trauer funktionieren

Um sich auf einen Trauerprozess einlassen zu können, brauchen sowohl Kinder als auch Jugendliche und Erwachsene eine strukturelle, verlässliche, aber auch eine menschliche Gewissheit und Sicherheit, die derzeitige Situation zu überleben. Kinder und Jugendliche erleben vielleicht Existenzängste und fragen sich: »Wer schickt uns jetzt morgens zur Schule, wer kocht, wer verdient nun das Geld?« Sie müssen mit der Zeit wieder Vertrauen in ein meist sicheres Leben finden.

Möglicherweise entwickeln sie Mechanismen, um Eltern oder jüngere Geschwister zu schützen, lassen deren Trauer zu und stellen die eigenen Bedürfnisse, die eigene Traurigkeit, hintenan.

Solange kleinere Kinder (bis zum 6. Lebensjahr, teilweise darüber hinaus) nicht verstehen, dass der Opa nie mehr wiederkommt, können sie auch nicht so traurig darüber sein. Sie laufen einfach in der veränderten Lebenswirklichkeit mit und funktionieren erst einmal ihrer Entwicklung entsprechend.

Jugendliche, die gerade mitten in pubertären Verwirrungen stehen, müssen vielleicht erst einmal ihr Liebesleben, die Schule oder Ausbildung, aber auch die Abgrenzung gegenüber dem Elternhaus bewältigen. Sich gleichzeitig auf Trauer einzulassen, ist einfach ein Problem zu viel, wo sie doch den ohnehin schon komplizierten Alltag irgendwie bewältigen müssen. Dies kann ein Grund sein, weshalb einige Jugendliche ihre Trauer erst einmal »vertagen«. Es kann erklären, warum Jugendliche vorerst die Trauergruppe ablehnen, da sie befürchten, sie könnte ihnen den spürbar dünnen Boden unter den Füßen wegziehen, statt ihn zu stabilisieren.

Erwachsenen kann es ähnlich gehen. Sie kümmern sich um notwendige Dinge wie die Beerdigungsvorbereitungen, die Versorgung anderer Familienmitglieder (Haushalt, Papiere ordnen, Geld verdienen) und wundern sich oft darüber, »dass sie gar nicht so traurig sind, wie sie es gedacht haben«. Diese Feststellung verwirrt sie häufig, sie macht eventuell ein schlechtes Gewissen (»Man muss doch weinen, wenn der Partner stirbt.«) oder sie sind froh darüber, dass es »zum Glück nicht so schlimm ist wie erwartet«.

In fast allen Familien- oder Beziehungssystemen gibt es mindestens einen Menschen, der anfangs oder dauerhaft »funktioniert«, der nicht so intensiv in die Trauer hineingeht. Damit versucht er meist, eine zumindest äußerliche Ordnung zu schaffen, damit der Alltag halbwegs weiter »laufen« kann.

Wichtig ist, dass die Menschen, egal, ob jung oder alt, in ihren Reaktionen wahrgenommen werden. Dass ihnen begreiflich gemacht wird: »Solange du für dich oder andere erst einmal funktionierst und das Überleben sicherst, hat die Trauer keinen oder wenig Raum. Das ist in Ordnung.«

Gleichzeitig darf man aber auch verdeutlichen: Wenn das Umfeld stabiler wird, das heißt, wenn Alltagsstrukturen wieder gelebt werden können, die Kinder wieder durchschlafen, geregelt zur Schule oder Uni gehen und keine spontanen Bauchschmerzen mehr haben, dann könnte der Platz, die Zeit der Trauer da sein.

Wichtig ist zu veranschaulichen, dass aufgrund dieser »Zeitverschiebung« von Monaten bis hin zu Jahren die Umwelt oder man selbst die nun verspätet aufkommenden Reaktionen oft nicht auf den schon länger zurückliegenden Verlust bezieht.

Es ist wichtig, jedem Trauernden das Gefühl zu geben, dass er so sein darf, wie er gerade ist. Trauernde und deren Freunde bzw. Angehörige dürfen jedoch darauf aufmerksam gemacht werden, dass man nicht wie eine Maschine »läuft«, sondern sich die Erlaubnis zu Erschöpfungs- und Überforderungsgefühlen geben darf. Dafür können folgende Punkte hilfreich sein:

- Möglichkeiten der Entspannung und Erholung dürfen genutzt werden, da das Weiterleben nach einem Verlust sehr anstrengend ist und die »Funktionierer« ihre Kraft nicht aufgebraucht haben sollen, wenn der Trauerprozess sie selbst erreicht.
- Aufmerksamkeit für mögliche somatische Reaktionen (vielfältige, wiederholt auftretende und häufig wechselnde körperliche Symptome): Nicht ausgedrückte Trauer sucht sich manchmal den Weg über körperliche oder auch psycho-somatische Beschwerden. Ein Mann, der nach dem Tod seiner Frau »die Zähne zusammenbeißt«, neben der Arbeit noch den ganzen Haushalt regelt, bekommt vielleicht auf Dauer Magenbeschwerden, die der Hausarzt nicht als Trauerreaktion erkennt, sondern mit Medikamenten behandelt.
- Achtsamkeit für die Veränderung der sozialen Situationen: Menschen, die sich »blind« in die Arbeit stürzen, sich stark zurückziehen, Kontakte aufs Äußerste beschränken, erleben möglicherweise eine Vereinsamung und bemerken es zu spät, dass sie zu wenig Kontakte im Umfeld haben.
- Gegenstände des Verstorbenen dürfen über Jahre aufbewahrt werden, weil sie vielleicht später im Trauerprozess als »Beweismaterial« oder zum Begreifen und Beweinen benötigt werden.

Die Wirklichkeit des Verlusts begreifen und als Realität akzeptieren

Sogar erwartete Tode vermitteln oft das Gefühl von Unwirklichkeit. Um trauern zu können, ist es notwendig, den erlittenen Verlust zu begreifen; anfangs durch Information, durch sprachliche und gedankliche Auseinandersetzung, durch das Erleben von Krankheit, Veränderung, den toten Menschen zu sehen, zu fühlen, um tatsächlich zu be-greifen. Das bedeutet jedoch nicht, dass es ausreicht, einen Toten gesehen und berührt zu haben, um den Verlust zu begreifen. Das Begreifen findet an unterschiedlichen Orten und zu unterschiedlichen Zeiten statt.

Ein Brief an den Verstorbenen, der nach Monaten ankommt; ein Wandschrank, der repariert werden muss, und der Partner, der immer auch der Handwerker war, ist tot; die Einschulung, die ohne Mama stattfinden muss; Weihnachten und Oma ist nicht dabei. Immer dann, wenn ich erneut begreife, was dieser Verlust für mich und mein Leben bedeutet, wird dies ganz neu oder wiederholt betrauert.

Es ist jedoch wahrscheinlich, dass ich mich an bestimmte Situationen gewöhne, wenn ich sie bewusst durchlebe, ja, anfangs auch durchleide.

Das älteste Kind einer Frau, deren Mann kürzlich gestorben ist, heiratet. Die Mutter begreift in der Kirche, dass der Vater beim Gang zum Altar an der Seite der Tochter fehlt. Er kann sich nicht mit ihr freuen, kann diese Feier nicht miterleben. Ihr selbst fehlt er, um ihn stolz anzublicken und sich anzulehnen. Sie weint aufgrund des entstandenen Schmerzes.

Ihre zweite Tochter heiratet. Auch hier stellt die Mutter wieder fest, wie traurig es ist, dass ihr Mann nicht da ist. Aber dass er nicht da sein wird, das hat sie schon bei der ersten Hochzeit begriffen. Dieses Mal hat sie vorgesorgt und viele Taschentücher mitgebracht. Sie ist berührt, auch weil der Mann fehlt, aber es ist weniger schmerzhaft als bei der Feier zuvor. Die dritte und vierte Hochzeit wird sie vermutlich immer mehr genießen können, der leichte Schmerz oder die Berührung davon, das gehört für sie nun dazu. Das Leben ist für sie wieder in Fluss gekommen … bis eines Tages die älteste Tochter ein Baby bekommt. Völlig überrascht von ihrer Trauer, dass der Ehemann nicht miterleben darf, dass er Opa wird, weint sie bitterlich. Und auch hier darf dieses Begreifen des Verlustes natürlich betrauert werden, damit die Lebensfreude anschließend wieder einen Platz bekommt.

In einer Trauergruppe können diese Situationen, diese Momente des Begreifens, thematisiert werden. Das Leitthema könnte dabei lauten: »Wer oder was hat mir geholfen, den Verlust zu begreifen? Wer oder was hat es mir schwer gemacht?«

Manchmal begreifen wir nicht, warum uns eine Situation so berührt. Im oben genannten Beispiel weint die Mutter in Situationen, die gleichzeitig freuen, stolz machen. Schon im Vorfeld zu wissen, dass es solche Situationen und Reaktionen geben kann, tut Trauernden gut. Dabei geht es nicht darum, »den Teufel an die Wand zu malen«, sondern um sachliche Erklärungen, warum diese Reaktionen eigentlich sehr logisch sind. Und in der Trauerbegleitung, in der Trauergruppe, kann man gemeinsam überlegen, wie man diesen Situationen begegnen könnte.

Kleine Kinder begreifen übrigens aufgrund ihrer noch geringen Lebenserfahrung und dem fehlenden kognitiven Todesverständnis lange nicht, dass der Tod endgültig, für immer ist. Sie können also nur das betrauern, was sie begreifen. Sie begreifen: Jetzt ist Mama nicht da, also sind sie jetzt traurig. Werden sie abgelenkt, vergessen sie die Ist-Situation und spielen wieder unbeschwert weiter, bis sie erneut, Stück für Stück, in dieses Verlusterleben hineinwachsen.

Auch Kinder, die hören, die Oma sei »friedlich eingeschlafen« oder »heimgegangen«, können nicht mit Trauer reagieren, weil sie »einschlafen« oder »heimgehen« nicht als Verlust realisieren.

Trauern können bedeutet: begreifen müssen mit Bauch, Herz und Verstand.

Mit dem Wissen um das Trauerverständnis und die Bedeutung dieses Trauermodells kann man das soziale Umfeld der Kinder durch Informationen verständiger und unterstützender machen. In den Kindertrauergruppen kann man die Kinder stärken, indem man ihr Selbstbewusstsein stärkt und sie Strategien erlernen lässt, die sie anwenden können, wenn die Trauer wieder ausbricht.

Den Verlust als Realität zu akzeptieren heißt nicht, den Verlust gutzuheißen; es heißt den Tod und das Nicht-mehr-irdisch-Wiederkommen anzuerkennen.

Ein Mann sagt: »Ich weiß, dass meine Frau tot ist, aber ich für mich tue so, als sei sie in der Reha. Das lässt mich meinen Schmerz besser ertragen.« Dieser Mann darf das natürlich so für sich entscheiden, vielleicht hilft ihm diese Vorstellung tatsächlich dabei, die erste Zeit nach dem Tod zu überleben. Die Trauerbegleitung darf aber den Gedanken äußern, dass es möglich ist, dass der Witwer auf Dauer nicht um den Verlust seiner Frau trauert, sondern eher um seine Einsamkeit. Dass er die Abwesenheit seiner Frau vielleicht nicht in der ganzen Tiefe beklagen kann, weil sie ja nur in der Reha ist. Und solange er den Tod nicht akzeptiert und in der Folge nicht betrauert, wird er auch kaum eine Chance haben, eine neue, für ihn vielleicht wunderbare neue Beziehung einzugehen … denn Bigamie ist in Deutschland verboten und es würde sich zumindest für ihn so anfühlen. Die eine Frau noch in der Kur, die andere lebt in seiner Wohnung …

Etwas nicht zu akzeptieren, kann eine kleine Überlebensstrategie sein, mit der man sich schwere Situationen immer so zurechtlegt, dass man sie im Alltag überstehen kann. Ein Kind tut vielleicht ab und zu so, als sei seine Mama noch arbeiten, der Bruder auf Klassenfahrt; eine Mutter tut so, als sei der Sohn noch auf der Dienstreise.

Gespräche darüber in Trauergruppen zeigen den Teilnehmenden, dass sie mit ihren unrealistischen Vorstellungen nicht alleine sind, solche Fantasien ihre Berechtigung haben können, dass man auf Dauer jedoch nach weiteren Wegen suchen sollte, die neue Situation zu akzeptieren und mit dem daraus erneut aufflammenden Schmerz umzugehen.

Die Vielfalt der Gefühle und den Trauerschmerz durchleben und verarbeiten

Viele trauernde Menschen durchleben körperlichen und emotionalen Schmerz. Wird dieser Schmerz medizinisch oder sozial aberkannt, weil z. B. »Herz-Schmerz«, der einem tatsächlich das Herz schwer macht und das Gefühl vermittelt, es sei gebrochen, nicht gesehen wird, kann er sich in weiteren Krankheitssymptomen, wie z. B. Magenschleimhautentzündungen oder depressiven Verstimmungen äußern.

In Trauergruppen kann man Tipps und Tricks austauschen, wie man mit Hilfsmitteln wie Tees, warmen Umschlägen bei Bauchschmerzen oder Reden und Weinen Herzschmerz aushalten und verringern kann. Über Herzschmerz schüttelt kein Trauernder den Kopf, der ist allen bekannt.

Trauergefühle beinhalten mehr als Traurigkeit und Sehnsucht. Trauergefühle zeigen sich auch durch Wut, Angst, Schuldgefühle, Einsamkeit, Leere, Starre, Sinnlosigkeit, Nachsterbegedanken, Appetitlosigkeit, Sinnestäuschungen, Überempfindlichkeiten, Lustlosigkeit, Kopf- und Gliederschmerzen und und und.

Man kann nicht oft genug sagen, dass all diese Gefühle grundsätzlich völlig normal sind. Nur dann, wenn körperliche oder psychische Reaktionen auftreten, die mit »viel zu viel« oder »viel zu wenig« beschrieben werden können, ist Achtsamkeit angebracht. Was geschieht, wenn diese Gefühle unterdrückt oder ungebremst zugelassen werden?

Beispielhaft möchte ich an einigen Reaktionen zeigen, was geschehen könnte, wenn ich diese Gefühle ober- oder unterhalb eines Toleranzbereiches auf Dauer leben würde:

Wut

Wenn ich sie unterdrücke, könnte es mir Magengeschwüre bereiten. Lasse ich sie ungehemmt heraus, verletze ich Menschen in meiner Umgebung und vereinsame oder werde wegen Sachbeschädigung angeklagt. Es liegt am Trauernden selbst, aber auch an möglichen Unterstützern, nach einem Weg zu suchen, wo und wie die Wut einen Raum bekommen kann, ohne dass andere Menschen oder der Trauernde selbst verbal, materiell oder körperlich verletzt werden. Möglichkeiten des Ausdrucks könnten z. B. Sport, boxen, trommeln, schreien oder Holz hacken sein. Einem wütenden Menschen vorzuschlagen, zu meditieren oder Mandalas zu malen, wäre da eher unproduktiv.

Schuldgefühle

Schuldgefühle, die ich nicht äußere, können dazu führen, dass ich mich immer weiter in meinen Vorwürfen verstricke, weil eine objektivierende, möglicherweise bedenkenswerte hilfreiche Korrektur von außen fehlt. Vielleicht würde ich versuchen, jedem Anspruch der Mitwelt zu entsprechen, um es allen recht zu machen, quasi als Wiedergutmachung für einen vermeintlichen Fehler. Fände ich keinen Weg der Entlastung, könnte meine Selbstkritik die innere

Freiheit und das Selbstwertgefühl so sehr vermindern, dass als ein Ausweg vielleicht der Suizid herbeigesehnt würde.

Angst

Setze ich mich mit meinen Ängsten nicht auseinander, sondern versuche entweder, sie zu unterdrücken, oder lasse sie ungehindert zu, werden sie eher zu- als abnehmen. Die Frage wäre auch, welche Taktik ich verwende, um die Ängste zu ertragen: Medikamente, Alkohol, Rückzug, Zwangshandlungen etc.?

Aus Ängsten, die nicht angeschaut werden, erwachsen häufig Panikattacken, die nur noch mit Psychopharmaka oder einer Therapie behandelt werden können. Somit nähme ich mir vielleicht die Möglichkeit, nach eigenen begleiteten Wegen aus der Angst zu suchen. Es kommt auch hin und wieder vor, dass Menschen für eine Weile jegliche Angst verlieren oder dass Angst vermindert wird: Angst vor Krankheit, Tod, vor Dunkelheit oder Überfällen. Dieses Gefühl kann eine innere Freiheit mit sich bringen, in Extremfällen aber auch die Gefahr von »Waghalsigkeit« in gefährlichen Situationen.

Leere

Wenn Leere und Gefühllosigkeit keinen Ausdruck finden, können sie immer mehr zunehmen und in ein Gefühl der Sinnlosigkeit übergehen. Diese Sinnlosigkeit könnte bis hin zu Suizidgedanken führen.

Es könnte auch ein Gefühl der Gleichgültigkeit entstehen. Nichts interessiert mich mehr, nichts berührt mich mehr, Freundschaften zerbrechen, weil kein Beziehungs-Gegenüber mehr erlebt wird.

Sehnsucht

Gebe ich der Sehnsucht nicht durch Weinen, Gespräche, Rituale etc. nach, könnte das Gefühl in mir entstehen, der Verlust würde mir das Herz zerreißen. Psychische und physische Schmerzen könnten sich in mir breiter und breiter machen, die auf Dauer vielleicht mit Medikamenten behandelt werden müssen.

Es ist möglich, in der Trauergruppe die Gefühle, die den Teilnehmenden in ihrer Trauer bewusst sind, anhand einer Messskala (z. B. mit einer Skala zur Ermittlung der Schmerzstärke, erhältlich in Apotheken) bestimmen zu lassen. Man müsste sich auf einen »Normalwert« einigen, der bei einer Skala von 0 bis 10 zwischen 3 bis 7 liegen könnte. 3 wäre z. B. »kaum Wut zeigend« und 7 wäre »sehr sehr wütend sein«. Die Breite zwischen 3 bis 7 macht deutlich, welche Spannweite die Emotionen mit ihren Reaktionen haben können und dürfen.

Generell gilt: Gefühle, die mich beeindrucken, sollten einen Ausdruck durch Wort, Bewegung, Spiel, Kunst etc. bekommen. Lasse ich die Gefühle nicht zu, besteht die Gefahr, dass ich in mir eine hochexplosive Mischung oder ein langsames Verfaulen verursache. Denn das Sprichwort »Ich platze vor Glück« ist genauso auf die Trauer übertragbar. Menschen, die Trauer nicht zulassen, tun sich oft auch schwer, von Herzen froh zu sein. Wenn ich in emotionalen Situationen ständig meine Trauer, die auch in schönen Zeiten spürbar ist, bewache und unter Kontrolle halte, wird sich vermutlich die später wieder aufkeimende Lebenslust weniger entfalten können.

Fallbeispiel

Lenas Vater starb, als sie 14 Jahre alt war. Die Familie gab sich untereinander das Kommando: »Wir schaffen das! Wir lassen die Traurigkeit nicht zu, das hätte sich Papa auch nicht gewünscht. Wir wollen einfach nur wieder glücklich sein, notfalls beißen wir auch mal die Zähne zusammen. Kommt schon, das bekommen wir hin.« Zeigte jemand in Lenas Familie einen Anflug von Traurigkeit, wurde er von den anderen abgelenkt. »Sei nicht so traurig. Wir haben doch uns.« Abends lag die 14-, die 15-, 18- und 20-jährige Lena im Bett und vermisste ihren Papa so sehr. Sie hatte auch Angst, ihre Mutter könne sterben und sie mit der großen Schwester alleine zurücklassen. Diese Gedanken verdrängte sie, sprach es bei der Mutter auch nicht an, denn sie hatte gelernt: Traurigkeit ist ein Tabu in unserer Familie.

Nun wurde sie 23 Jahre alt, machte ihren Studienabschluss in Pädagogik und hatte einen guten Job in Aussicht. Jetzt meldet sie sich bei der Trauerbegleitung an, weil ihre Trauer um den Vater an Gedenktagen Jahr für Jahr immer größer geworden ist, sodass sie zeitweilig Depressionen befürchtete. Außerdem kann sie sich nicht mehr freuen, nicht über den guten Studienabschluss, nicht auf die neue Arbeitsstelle. Vielleicht hat Lena durch das Verdrängen der Trauer in allen möglichen Facetten ihre ganze Energie der Lebendigkeit verbraucht. Und sie steht heute als 23-jährige junge Frau hilflos in ihrem übermächtigen Gefühl da, weil die Gesellschaft, insbesondere ihre Familie, es versäumt hat, ihr beizubringen, dass man auch traurig sein darf.

Ich erlebe in der Praxis immer mehr Jugendliche, die sich in Verlustsituationen körperliche Schäden z. B. durch Ritzen zufügen, weil sie keine »gesünderen« Trauerstrategien erlernen oder leben durften, weil man sie vielleicht nicht weinend, nicht traurig sehen wollte. Dass man sie später körperlich und psychisch verletzt erleben muss, hat sicher auch keiner gewollt, aber dennoch vielleicht mitbewirkt.

Sich in der veränderten Umwelt zurechtfinden

Nach dem Verlust eines nahestehenden Menschen sind drei große Bereiche bedeutsam:

1. *Umwelt, Außenwelt*: Wie beeinflusst der Tod den Alltag? Hier können ein Umzug, finanzielle Veränderungen (weniger Geld aufgrund der Witwenrente oder mehr durch eine Lebensversicherung), Veränderung des Bekanntenkreises, der Arbeitsstelle, der betreuenden Personen im Kinderbereich eine Rolle spielen.

2. Die *Selbstwahrnehmung* ändert sich. Durch den Verlust bleibt kein Mensch der »alte«: Gefühle, Erfahrungen, Verantwortungen, Verletzungen, das Vermissen prägen unser eigenes Bewusstsein. Das Erleben und Verarbeiten entscheidet über unser Selbstwertgefühl (»Bin ich noch etwas ohne dich wert?« »Ist mit meinem Mann die Hälfte von mir mitgestorben?«).

Auch das Selbstbewusstsein, das Da-Sein, die eigene Haltung werden beeinflusst: »Ja, ich bin eine Witwe, aber ich bin auch mehr: Arbeitskollegin, Mutter, Freundin …« »Ohne dich kann ich nichts.« »Jetzt muss ich dafür sorgen, Auto fahren, Papiere ordnen …«

Die Selbstwirksamkeit verändert sich aufgrund der neuen Erfahrung: »Ich bin hilflos oder in der Lage, Hilfe zu erfragen.« »Ich bin durch die Erfahrung stark geworden und kann damit anderen Menschen in ähnlicher Situation hilfreich sein. Ich kann etwas durch meine Lebenserfahrung bewirken.« »Ich hole mir Hilfe, wenn ich nicht weiter weiß.«

3. Auch *spirituelle Anpassungsleistungen* sind in Trauerzeiten gefragt. Menschen möchten und können auf Dauer nicht gut ohne Sinn leben, den sie häufig aus ihren Glaubens- und Wertvorstellungen heraus ziehen.

Somit beeinflussen der Verlust und die Sinnfrage häufig die eigenen Glaubensvorstellungen (man glaubt neu, stärker, weniger oder gar nicht mehr an Gott; die eigene Religion oder die spirituellen Haltungen, die Glauben und Hoffnungsbilder bisher ausmachten, verändern sich).

Die zehnjährige Anna sagt: »Früher, als ich ein Kind war, da dachte ich immer: Die Welt ist einfach wunderschön. Aber heute weiß ich, das stimmt so nicht. Mein Papa ist ja gestorben.«

Der Sinn eines Verlustes darf nur von dem Suchenden selbst erschlossen werden. Dabei werden ihn häufig die »Warum-Fragen« begleiten, die er auch den Menschen im Umfeld, vielleicht auch höheren Mächten stellen kann. Es steht keinem Außenstehenden zu, auf die Frage einer Trauernden, warum der Partner sterben musste, mit der Antwort zu reagieren: »Weil er schon so alt war.« Dies ist eine rationale Erklärung, aber wahrscheinlich ist es nicht die, nach der die Trauernde sich laut gefragt hat. Auch die Antwort: »Es gibt den Tod, damit dir die Wichtigkeit, jeden Tag gut zu nutzen, bewusst wird«, wäre wie ein Schlag ins Gesicht des anderen. Und gleichzeitig kann es sein, dass genau diese Antwort tröstet und einen Sinn vermittelt, wenn die Trauernde sie in sich selbst gefunden hat.

Damit unser Leben in Fluss kommt, müssen wir in der Lage sein, uns mit der veränderten Lebenssituation auseinanderzusetzen, so wie wir uns bei einer Wanderung an unerwarteten Wegkreuzungen für eine Richtung entscheiden sollten. In der Regel ist es ungünstig, unbeirrt weiter geradeaus zu laufen, weil sich dahinter ein Abgrund, ein zu steiler Weg oder ein Dornengebüsch verbergen könnte.

Diese Aufgabe von Worden, sich mit den Veränderungen des Lebens auseinanderzusetzen, bietet Themen für mehrere Trauergruppen. Immer wieder erlebe ich, dass Erwachsene, aber auch Jugendliche in meiner Arbeit darauf hinweisen, wie hilfreich so ein Modell mit seinen Erklärungen und den Ausführungen der anderen Gruppenteilnehmenden sein kann.

Dem Verstorbenen einen neuen Platz zuweisen

Es ist wichtig, dem Verstorbenen einen neuen Platz zuzuweisen. Dies ermöglicht dem/der Trauernden, mit ihm verbunden zu sein, ohne dass der Weiterfluss des eigenen Lebens beeinträchtigt wird.

Ein 14-jähriger Junge, dessen Mutter verstorben ist, sagt: »Meine Mama ist immer in meiner Nähe, wenn ich sie brauche. Es ist nicht das Gefühl, dass sie immer da ist und mich kontrolliert, aber wenn ich sie etwas frage, dann ist sie da.« Eine ältere Frau vermutet ihren Ehemann ganz sicher im Himmel, dort, wo er gut bei all den Lieben aufgehoben ist, die schon vor ihm verstorben sind. Ein anderer Vater trägt sein Kind im Herzen, er spürt es fast körperlich. »Mein Sohn lässt hin und wieder mein Herz hüpfen«, sagt er. Ein Jugendlicher besucht immer wieder die Stelle, an der seine Schwester bei einem Autounfall verstorben ist. »Wenn ich sie spüren will, ist sie dort«, sagt er – im Gegensatz zu seiner Mutter, welche die Tochter lange Monate in ihrem Zimmer spürt. Der Vater ist ihr eher auf dem Friedhof nahe.

In den Trauergruppen können diese Gedanken als Bilder oder in Gesprächen sichtbar gemacht werden.

Es ist allerdings genauso möglich, dem Verstorbenen einen Platz zuzuweisen, zu dem man sich keine Verbindung wünscht:

Ein Mann trauert, nachdem sein Vater verstorben ist. Er betrauert aber nicht den realen menschlichen Verlust, sondern die Zeit und Lebensqualität, die ihnen im Laufe des Lebens abhandengekommen ist. Er ist froh, dass dieser Mann, den er gefürchtet hat, nun aus seinem Leben verschwunden ist. Er gibt ihm einen Ort dort, »wo der Pfeffer wächst«. Weit weg, so weit fort, damit er sein Leben ohne diesen Vater endlich in Freiheit weiterleben kann.

Auch dieser Aspekt darf in Trauergruppen nicht übersehen werden. Man muss sich hüten, Trauernde zu pauschalisieren. Der Tod eines Ehemannes kann sowohl eine große Traurigkeit um seine Person, aber auch um sein Gehalt, das ungelebte unbefriedigende Leben oder seine Sachkenntnis im Finanzbereich ausmachen. Gruppenleitungen, die gute facettenreiche Fragen stellen, werden feststellen, wie wertvoll die Erfahrungen und Rückmeldungen innerhalb der Gruppe sind.

Grundsätzlich ist es wichtig wahrzunehmen, dass der Hinterbliebene dem Verstorbenen einen Ort geben soll. Nicht der Tote besetzt ihn, so wie es manche Touristen mit dem Handtuch auf der Liege machen, sondern umgekehrt.

Eine Witwe zeigt den Abschiedsbrief ihres Mannes, den er ihr in Krankheitszeiten geschrieben und den sie nun mit dem Testament erhalten hat. Darin schreibt er neben vielen sehr schönen Liebeserklärungen: »Liebe Frau, aber das eine wünsche ich mir doch sehr. Dass immer, wenn du von ›deinem‹ Mann sprichst, nur ich damit gemeint bin.«

Hier möchte sich der verstorbene Ehemann einen »unbesetzbaren« Platz an der Seite seiner Frau geben, ein wenig dem Handtuch auf dem Liegestuhl gleich. Aber sie muss doch mit dem Verlust so weiterleben, dass ein gutes, vielleicht auch partnerschaftliches Leben einst neu gelingt. Sie selbst entscheidet, ob sie sich eines Tages eine neue Beziehung wünscht oder sich alleine zufriedener fühlt.

Der Verstorbene selbst darf schauen, dass er dort, falls es ein »Dort« gibt, auch gut zurechtkommt. Denn, würde der sterbende Mann sich von seiner Frau verbieten lassen, sich mit seiner, schon vor ihm verstorbenen ersten großen Liebe im Himmel mal auf einen Wolken-Sprung wiederzutreffen? Oder einen Kollegen aufzusuchen, mit dem er, nach Ansicht seiner Frau, immer einen zu viel über den Durst getrunken hat?

Einen Ort geben bedeutet also, es kann ein äußerer und auch ein innerer Platz sein. Es kann ein sichtbarer und ein unsichtbarer Ort sein.

Es ist auch möglich, dass der Trauernde einen Ort so sehr mit dem Verstorbenen besetzt, dass kaum noch jemand dort Platz hat. Das Herz einer Mutter, das so mit dem verstorbenen Kind belegt ist, dass für die übrigen Kinder kein Platz mehr darin übrig ist. Ein Kinderzimmer, das sich zwei Geschwister teilen mussten und das nach dem Tod des jüngeren Kindes nicht mehr verändert werden darf, obwohl die überlebende Schwester, nun schon in der Pubertät, andere Einrichtungsvorstellungen hat. Ein Sitzplatz des verstorbenen Ehemannes, der immer ein Essensgedeck mit erhält, an den sich ein neuer Bekannter aber nicht hinsetzen darf.

Solange einige Plätze dazu dienen, den Verlust festzuhalten, statt dem neuen veränderten Leben eine Chance zu geben, können manche Lebensbedingungen für den Einzelnen oder ein ganzes Familien- oder Freundessystem ins Stocken kommen.

Dieser Gedanke ist nicht nur beim Tod gültig, er gilt auch in anderen Lebensphasen: Auch als unsere Kinder geboren wurden, mussten wir ihnen als »Dazukömmlingen« einen Platz geben. Erhält nun mein Baby den größten Raum von mir, sodass meine kinderlosen Freunde, eines Tages auch mein Mann keinen Platz mehr in meinem Herzen, meinen Gedanken und an meiner Seite bekommen? Dass sie quasi rausgedrängt werden? Von wem eigentlich, von dem Baby oder mir als Mutter? Könnten Sie sich das als eine Frage in Ihrer Trauergruppe vorstellen?

Aber auch hier gilt, dass niemand von außen sagen darf: »Nun lass doch mal los! Du musst deine tote Frau auch mal gehen lassen!« Wenn mir dieser Satz in meiner Praxis begegnet, nehme ich einen Jonglierball in die Hand, den Handrücken nach oben. Dann öffne ich die Hand, der Ball fällt auf den Boden. Das ist häufig das Gefühl, die Sorge der Trauernden: den Verstorbenen fallen zu lassen, fallen lassen zu müssen.

Ich kann den Ball aber auch mit dem Handrücken nach unten in der Hand halten und dann die Hand öffnen. Der Ball bleibt liegen. Wenn er Flügel hätte, dürfte er fortfliegen, er dürfte auch gerne wieder zurückkommen. Ich würde mich lösen, aber nicht lassen.

Ähnlich empfand ich auch den Verlust, als meine Söhne anfingen, groß zu werden, das erste Mal alleine zum Bäcker gegangen sind. Da waren sie fünf Jahre alt. Wir haben uns dadurch wieder ein kleines Stück voneinander gelöst, aber nicht verloren. Jetzt, wo sie erwachsen werden und wir ihnen Selbstständigkeit wünschen, habe ich sie ja auch nicht einfach fallen lassen, aus dem Haus geworfen, sondern mein Herz geöffnet und sie gehen lassen. Trotzdem sind sie nicht weg. Ob sie nun woanders wohnen oder eines Tages vor mir sterben werden, sie werden immer ein Teil von mir sein – aber auch nur ein Teil.

Ich hoffe nicht, einmal sagen zu müssen: »Ich bin mit meinem Kind mitgestorben.« Ja, vielleicht würde es Momente geben, in denen es sich so für mich anfühlt. Die meisten Familien üben es im Alltag ein, spätestens ab der Pubertät helfen unsere Kinder durch Abgrenzungen im Loslöseprozess schon selbst mit. Das wird ihnen zudem hilfreich sein, wenn ich eines Tages sterbe. Und ich mache mir hin und wieder bewusst, dass sie nicht mein absoluter Lebensinhalt sind, auch heute bin ich nicht ausschließlich Mutter. Ich bin mehr als das. Und ich hoffe, dass mir zumindest das »Mehr« dann weiterhelfen wird und dennoch etwas bleibt, dessen Nähe berührt.

Und was, wenn ich nicht lasse? Wenn man bei dem Vergleich mit den eigenen Kindern bleibt, dann weiß ich nicht nur als Pädagogin, dass ich mit dieser Festhalte-Erziehung keine freien, selbstständigen und lebenstauglichen Kinder erziehen werde. Ich würde sie schwächen, ich nähme ihnen die Entfaltungsmöglichkeiten … Übrigens wird die Chance, dass sie mich freiwillig besuchen kommen, größer sein, wenn ich sie weder kralle noch fallen lasse.

Vielleicht ist das beim geliebten toten Menschen genauso wie bei Lebenden?

Noch einmal: Diese Aufgaben sind keine festgeschriebenen, starren Stationen. Sie sind ein Modell, das helfen kann, den Wandel zu veranschaulichen.

So wie sich das Leben und auch die Trauer verändern, können sich auch die Traueraufgaben immer wieder verändern. Es ist möglich, dass mehrere Aufgaben gleichzeitig bearbeitet werden, auch dass sie sich wiederholen. Bis auf die Aufgabe »Begreifen«, die benennt, dass ohne sie nicht um den oder das getrauert werden kann, was fehlt, muss keine spezielle Reihenfolge beachtet werden.

Übrigens hat William J. Worden sein Trauermodell nicht ausschließlich für den Tod erarbeitet. Es ist ebenso anwendbar bei Scheidungstrauer, Verlust von Gesundheit, Arbeitsplatz bis hin zum verloren gegangenen Schnuller des Kleinkindes.

Das LAVIA Lebensweg- und Trauermodell

La Via bedeutet auf Spanisch »der Weg«. Aus einer Landschaft, einem Labyrinth sowie den oben beschriebenen Traueraufgaben angelehnt an das Modell von W. J. Worden habe ich das LAVIA-Modell entwickelt. Es wird in Seminaren, Trauergruppen und Einzelgesprächen als Erklär- und Trauerspielmodell genutzt. Es ist für Kinder und Jugendliche genauso verständlich wie für Erwachsene, für Laien ebenso wie für Fachleute. Es macht keinen Unterschied in Religion oder Nationalität.

Das Modell mit seinen drei Ebenen darf als Beispiel angesehen und mit eigenen Bildern, Landschaften und Farben gefüllt werden. Es gibt keine Vorgabe, wie lange Trauernde sich in bestimmten Landschaften aufhalten – Trauerwege gestalten sich individuell.

1. Ebene: Die Landschaften

Die unterste Ebene der Abbildung zeigt Landschaftstypen und einige Weg-Symbole innerhalb und außerhalb des eigenen Trauerweges: Wüste, Geröll, Steine, Berge, Felder, Sumpf, Wald, Blumen, Tunnel, Seen, eine Quelle oder Brücke und mehr – es gibt viele Ortschaften zu deuten. Diese unterschiedlichen Gegebenheiten bieten den Trauernden an, ihren Standort in der aktuellen Trauer- oder Krisensituation oder den bisherigen Verlauf wahrzunehmen und in Worte zu fassen. An manchen Tagen kommt es einem vor, als bewege man sich müde und erschöpft in sengender Hitze durch

Auf S. 190 ist das Modell nochmals etwas größer abgedruckt.

eine Wüste. Alles darum herum sieht und fühlt sich gleich öde an. Dagegen wirkt ein Weg durch den Wald vielleicht erfrischend, es ist angenehm kühl, schattig und es fühlt sich nach Urlaub an. Vielleicht stolpert man aber auch über Wurzeln und die Dunkelheit macht Angst. Oder man sieht wortwörtlich den Wald vor lauter Bäumen nicht mehr. Es gibt Höhen, Tiefen, anstrengende und weniger anstrengende Abschnitte.

Dann entdecken Trauernde unterwegs vielleicht eine Schutzhütte, ein wärmendes Feuer oder eine Bank am Wegesrand. Hier kann man rasten, sich erholen, Kraft tanken und Hoffnung schöpfen. Trotz schwerer Momente zwischendurch werden wieder öfter wertvolle Zeiten und neue Normalitäten gelebt. Viele Menschen beginnen zu ahnen, dass nicht der Kummer und Schmerz des Verlustes den weiteren Lebensweg dauerhaft bestimmen werden. Sie erlauben sich, neue Pläne zu machen und nach vorne zu schauen und gehen den Weg mit ihrer Trauer, die sich in Lebensmut und Dankbarkeit verändert hat, weiter.

Die dem Modell zugeordneten Symbole können beliebig in das Labyrinth eingegliedert werden. Vielleicht gibt es eine Wegstrecke, zu der das Paragrafenzeichen als Symbol für mögliche Schuldfragen oder -zuweisungen passt. Die Kerze könnte einen Gedenktag markieren oder eine Hürde, die gemeistert wurde.

So kann mithilfe der Symbole ein individueller Trauerweg entstehen.

2. Ebene: Das Labyrinth

Die zweite Ebene des Modells ist das Labyrinth. Es wird schon seit Urzeiten als spirituelles Bild für menschliche Lebenswege genutzt.

Das LAVIA Lebensweg- und Trauermodell macht durch das Wegekreuz am Eingang zum Labyrinth einen Verlust bildhaft deutlich. Die Trauernden, die sich bis dahin noch in ihrer »normalen« Welt befanden, erleben eine meist ungewollte Wegplanänderung. Viele sagen: »Die Welt ist für uns stehengeblieben und für andere geht sie unverändert weiter.« Es wird von einem »Davor« und »Danach« gesprochen. Im Labyrinth der Trauer mit all seinen Höhen, Tiefen und Kurven müssen sich Trauernde neu orientieren.

Wer mit dem Finger den Linien im Labyrinth folgt, wird sich immer auf das Ziel zubewegen. Hin und wieder kreuzen sich alte und neue Pfade, manchmal wirken die veränderten Lebenswege in altvertraute Welten hinein. Zwischenzeitlich entfernt sich der Weg von der Mitte, anfangs sind wir von den Kurven und Windungen des neuen Lebensweges überrascht. Die Sehnsucht nach dem Verlorenen und nach Normalität wird schmerzlich bewusst, lähmt uns oder löst vielleicht Weglauftendenzen aus. Alles fühlt sich nach einem scheinbaren Rückschritt auf dem Trauerweg an. Aber solche Wegstrecken sind keine Rückschritte, sondern oft die Wege durch die Trauer hindurch: gefühlte Langstrecken.

Es kann hilfreich sein, wenn Wegweiser und Weggefährten Pausen und Stärkungen anbieten und daran erinnern, dass man sich auf das Ziel zubewegt, auch wenn es sich ganz anders anfühlt. Auch tut es gut, hin und wieder innezuhalten und sich darauf zu besinnen, welche Strecken, Hürden und Höhenmeter schon gemeistert wurden.

In der Mitte des Labyrinths ist der fliegende Schmetterling zu sehen: Dort angekommen stehen nicht mehr Traurigkeit und Schmerz im Vordergrund, sondern die Trauernden erleben neue Freiheiten in der Lebensgestaltung.

Trauer um einen Verlust darf uns lebenslang begleiten. Sie kann sich z. B. in Dankbarkeit, Wertschätzung oder Gelassenheit verwandeln, aber sie muss nicht verschwinden, hat sie doch etwas mit Liebe und der eigenen Geschichte zu tun.

3. Ebene: Die Farben

Auf der dritten Ebene legen sich sechs Farben über das Labyrinth. Sie beschreiben die fünf Traueraufgaben nach Worden sowie zusätzlich den Aspekt des Funktionierens.

Die Aufgaben der Trauer, für die die Farben stehen, sind im Leben nicht statisch, sondern können sich in ihrem Anteil verändern und auch überlappen. Ein Beispiel: Wenn ich am Grab stehe und mich in diesem Moment mit dem Verstorbenen verbunden fühle, könnte man den Moment mit gelber Farbe markieren. Wenn mich auf dem Friedhof ein Gefühl großer Sehnsucht überkäme, würde sich die Farbe Rot dazugesellen. Genau das ist gemeint, wenn wir von »gemischten Gefühlen« sprechen!

Die Farben sind eine bildliche Anregung und Bestätigung, dass Trauerwege nicht in starren Phasen stattfinden, sondern fließende Übergänge sich mit abrupten Veränderungen der Gefühle und Traueraufgaben abwechseln und sich auch wiederholen können. Trauer ist ein Prozess, der nicht einer vorgegebenen, linearen Reihenfolge bestimmter Phasen folgt.

Es ist wichtig, um die Vielfalt von Trauer und Trauernden zu wissen. Je nach Alter, Lebenserfahrung und Persönlichkeit empfinden die einen im LAVIA Lebensweg- und Trauermodell die kurvenreichen Strecken als anstrengend, andere kommen eher bei Steigungen oder den Farben der Traueraufgaben an ihre Belastungsgrenzen. Jemand ist Trauerwege schon gewohnt und versucht, seine Erfahrungen auf dem Gelände zu nutzen, überquert deshalb Brücken zu Abkürzung und andere wiederum erleben tagtäglich Neuland.

Mit meinem LAVIA Lebensweg- und Trauermodell möchte ich verdeutlichen, dass Menschen jeden Alters, jeder Religion oder Nationalität in ihrer Trauer individuell sind und ebenso reagieren können. Ebenso ist es mir wichtig, dass trauernde Menschen nicht nur die unterstützende Person der Trauerbegleitung als wohltuend erfahren, sondern durch die Erklärung und das Verständnis von Trauermodellen in ein selbstverantwortliches Handeln kommen können.

Weitere Informationen erhaltet ihr auf der Homepage
www.familientrauerbegleitung.de unter dem Button »Trauermodell«. Dort könnt ihr das LAVIA Lebensweg- und Trauermodell interaktiv erleben.

Trauergruppen leiten

Zielgruppen

Bei der Gründung von Trauergruppen stellt sich zunächst die Frage: Für wen soll die Trauergruppe angeboten werden? Für erwachsene Trauernde allgemein, für Kinder im Alter von fünf bis 15 Jahren, bei denen Eltern, Großeltern, Geschwister oder Freunde verstorben sind?

Wenn die Möglichkeit besteht, sind homogene Trauergruppen sinnvoll, die sich am Alter der Trauernden, an der Todesart der Verstorbenen und der Lebensphase orientieren, z. B.

- jung verwitwete Eltern, deren Kinder noch im Haushalt mitleben (vom Kleinkindalter bis zur Studien- bzw. Lehrlingszeit)
- Eltern, deren Kinder als Baby, im Kleinkind- oder Kindergartenalter verstorben sind
- Eltern, deren verstorbene Kinder noch im Elternhaus gelebt haben
- ältere Eltern, deren verstorbene Kinder schon selbstständig außerhalb des Elternhauses lebten
- Menschen, deren Angehörige durch einen Suizid verstorben sind. Auch hier könnte man, wenn ausreichend Anmeldungen vorhanden sind, wieder weitere Einteilungen (Partner, Kind, Elternteil, Geschwister) vornehmen
- Männertrauergruppe bzw. Männertrauerstammtisch
- Frauentrauergruppe bzw. Frauentrauerstammtisch
- Trauergruppe für ältere Verwitwete
- Kinder und Jugendliche, deren Vater und/oder Mutter bzw. engste Bezugsperson verstorben ist
- Kinder und Jugendliche, deren Geschwister verstorben sind. Hier bietet sich die Einteilung nach unterschiedlichen Altersgruppen an: 5–7 Jahre, 8–12 Jahre, 13–15 Jahre, 16–18 Jahre, 18–28 Jahre

- Wenn in einer Gruppe für Kinder oder Jugendliche die Verlustsituationen nicht homogen sein können, ist es sinnvoll, pro Todesart (z. B. Suizid), Beziehungsart (z. B. verwaist) jeweils mindestens zwei Kinder in der Gruppe zu haben, damit sich die Kinder nicht, wie häufig in ihrem sonstigen sozialen Umfeld, als »anders« erleben, sondern auch Gemeinsamkeiten entdecken können.

Weitere Trauergruppenangebote können sein:
- Freundes-Trauergruppe für Männer und Frauen, die um einen Freund, eine Freundin trauern
- Trauergruppen für geschiedene Männer und Frauen, deren Partner, der Vater oder Mutter der gemeinsamen Kinder ist, verstarb, oder für Partner, die eine schwierige Beziehung (auseinander)lebten
- Gruppen für Großeltern, deren Enkelkind verstorben ist
- Gruppen für Angehörige bei einem Suizid
- Kochen für Trauernde
- Trauergruppe für »Kinder« ab 30, deren Eltern verstorben sind
- Trauerbistro: ein Angebot für alle ab 25 Jahren, die um jemanden trauern, gleich, wie lang es schon her ist.

Die Vorteile homogener Gruppen liegen darin, dass man gezielte Gesprächsangebote machen kann, die dem Alltag und den oft altersentsprechenden Interessen der Trauernden entsprechen.

Jung verwitwete Väter und Mütter setzen sich oft mehr mit der Trauer ihrer Kinder als mit den eigenen Verlustgefühlen auseinander. Sie wünschen sich häufig mehr Ruhe und Zeit, um auch einmal alleine traurig sein zu können. Im Gegensatz dazu erleben ältere verwitwete Menschen oft Einsamkeit, sie würden sich eher Zerstreuung wünschen. Die Lebensinhalte, aber auch die Tagesabläufe unterscheiden sich deutlich voneinander. Austausch, Beratung und Kontakte untereinander sind oft wertvoller, wenn die Lebenssituation der Gruppenmitglieder mehr übereinstimmt. Meiner Erfahrung nach muss man nicht befürchten, dass die Gruppen zu einheitlich werden, da dennoch unterschiedliche Persönlichkeiten, Einstellungen und Lebensstile vorhanden sein werden.

Ich halte es für wichtig, mit den Interessierten ein persönliches Vorgespräch zum Kennenlernen und zur Bedarfsklärung zu führen. Für Kindertrauergruppen bietet sich ein gemeinsames Gespräch mit einem Elternteil oder einer anderen Bezugsperson und dem Kind an.

Bei einer offenen Anmeldung besteht zum Beispiel die Gefahr, dass sich Menschen anmelden, die eher eine Einzelbegleitung benötigen und die Gruppe mit einem zu großen eigenen Gesprächsbedarf belasten. In einem Vorgespräch kann zudem geklärt werden, ob jemand eher einen Therapie- als einen Austauschbedarf hat. Dann ist es hilfreich, weitere Möglichkeiten und Kontaktadressen anzubieten.

In einem Vorgespräch kann die Gruppenleitung ein gutes Gefühl für weitere Faktoren entwickeln, die die Arbeit in der Gruppe beeinflussen können. So kann es zum Beispiel sein, dass sich ein Trauernder, dessen sprachliche Ausdrucksfähigkeit eher begrenzt ist, in einer Gruppe, die zufällig aus lauter wortgewandten Mitgliedern besteht, sehr unwohl fühlen würde. Oder die Lebensbedingungen der Mitglieder sind so unterschiedlich, dass dies Verletzungen oder Unverständnis erzeugen könnte: arm und sehr reich nebeneinander, z. B. die eine, die auf die Malediven fliegt, und die andere, die kaum weiß, wie sie das Essen auf den Tisch bekommt … Diese Unterschiede verunmöglichen nicht von vorneherein einen produktiven Prozess in der Gruppe. Aber die Gruppenleitung muss sich dieser Einflussfaktoren bewusst sein und entsprechend darauf reagieren.

Ausschlusskriterien für eine Gruppenteilnahme können eine schwere psychische Erkrankung, Alkohol- oder Drogensucht oder, vor allem bei Kindern, Anpassungsschwierigkeiten wie z. B. ADHS sein.

Ich erlebe es immer wieder, dass es gerade im sozialen Bereich Pädagogen schwerfällt, einen Menschen aufgrund eines Handicaps abzuweisen. In einer Gruppe muss jedoch immer sowohl das thematische Ziel der Gruppe wie auch das Wohl aller Gruppenmitglieder gesehen werden.

Auch ist das Wohl eines ADHS-Kindes in einer regulären Kindertrauergruppe sicher infrage gestellt. Eine Einzelbegleitung oder eine gezielt angebotene Kleinstgruppe könnten jedoch eine gute Alternative sein.

Ebenso wäre für Trauernde mit einer schweren psychischen Erkrankung oder einer Sucht ein Psychologe mit einer Trauerqualifikation ein geeigneterer Gesprächspartner als eine Trauergruppe.

Spezifika von Kinder- und Jugendtrauergruppen

Die Planung von Kinder- und Jugendtrauergruppen behandle ich im Folgenden etwas ausführlicher, da man aufgrund des entwicklungsbedingt veränderlichen Todes- und Trennungsverständnisses von Kindern und Jugendlichen dieses Angebot bewusst setzen sollte. Ein achtjähriges Mädchen betrauert den Tod der Mutter auf seine ihm derzeit mögliche Weise. Hauptsächlich wird es die Nähe der Mutter, das gewohnte Essen und die bisher gewohnte Hilfe bei den Hausaufgaben vermissen. Ein zehnmaliger Besuch einer Trauergruppe wird ihr den Austausch mit ähnlich betroffenen Kindern und Strategien zur Bewältigung der derzeitigen Trauer bieten. Erfahrungsgemäß ist es jedoch häufig so, dass dieses Kind im Alter von zwölf oder 14 Jahren weitreichender begreift, welche Dimension der Tod der Mutter hat. Das Mädchen betrauert nun nicht mehr das gute Essen der Mama, aber ihre Ratschläge, auch in Bezug auf Partnerschaft, und ihre Mütterlichkeit. Es kann nun ermessen, was »für immer und ewig« bedeutet, und betrauert dies entsprechend.

Dürfen alle Jungen und Mädchen kommen, unabhängig davon, welchen Verlust sie erlitten haben? Grundsätzlich bieten sich Trauergruppen immer für Kinder und Jugendliche an, deren Eltern oder Geschwister verstorben sind. Diese Verluste fallen unter den Bereich »erschwerte Trauer«, was bedeutet, dass Hilfe von außen vorübergehend notwendig sein kann. Der Tod von Eltern oder Geschwistern bringt das Familiensystem meist komplett durcheinander, jeder trauert auf seine Weise, oft können Eltern ihre Kinder nicht angemessen unterstützen, da sie selbst in ihrer Trauer gefangen sind. Ebenso schützen sich Familienmitglieder häufig gegenseitig vor der Traurigkeit, ein Zustand, der in den Trauergruppen nicht gegeben ist.

Öffnet man die Trauergruppen für alle Verlustarten, könnte es sein, dass Kinder kommen, deren Oma, Freund, Onkel oder Haustier verstorben ist. Niemand weiß, ob nicht der geliebte Hund dem Kind näher war als der große Bruder, daher sollte das Gefühl der Trauer nicht bewertet werden. Dennoch ist es die Aufgabe von Trauergruppenanbietern, eine Zielgruppe zu benennen, um ein passendes thematisches Angebot zu machen.

Ich biete in Gelsenkirchen z. B. nur Gruppen für Kinder und Jugendliche an, deren Eltern oder Geschwister verstorben sind. Würde ich auch ein Angebot für trauernde Enkelkinder machen, könnten wir dem Bedarf nicht nachkommen. Dies erklärt sich daraus, dass es normalerweise zum natürlichen Kreislauf des Lebens gehört, dass zuerst die Großeltern sterben. Auch wenn es sich »hart« anfühlt, sage ich den Eltern häufig: »Es ist wünschenswerter, Ihr Kind lernt nun mit Ihrer Unterstützung den Tod bei den Großeltern kennen, als dass der erste Todesfall in seinem jungen Leben der Verlust von Vater, Mutter oder Geschwistern ist. Wir reden hierbei nicht von schöner, nur von besser.«

Familien, in denen ein nahestehender Mensch wie Großeltern, Tanten, Onkel, Freunde, Nachbarn, sowie Haustiere versterben, könnten die Möglichkeit bekommen, Einzelbegleitung oder individuelle Familienunterstützung in Anspruch zu nehmen.

Neben der Frage, für welche Kinder und Jugendlichen die Gruppe angeboten wird, ist die Form der Gruppe entscheidend:

Geschlossene Kindertrauergruppen

Geschlossene Kindergruppen finden meist an zehn Nachmittagen unter der Leitung von zwei Gruppenleiter/innen plus Unterstützer statt. Der Todesfall der Großeltern, Eltern oder Geschwister darf dabei akut sein.

Auch wenn Kinder die Bedeutung des Verlustes nicht immer sofort begreifen, benötigen sie dennoch Orte, an denen sie direkt über das Geschehene sprechen können. Dabei äußern sie vielleicht keine Traurigkeit, aber die Veränderungen, die durch den Verlust mit den anderen Familienangehörigen oder dem gewohnten Alltag einhergehen, könnten einen Ort des Reflektierens gebrauchen.

Wenn die Treffen alle zwei bis vier Wochen stattfinden, haben die Kinder zwischendurch Zeit, im Alltag neue Erfahrungen zu machen oder Strategien ausprobieren zu können, die sie in der Trauergruppe erlernt haben.

In regelmäßigen Gruppen mit festen Mitgliedern ist es möglich, »Hausaufgaben« aufzutragen, zum Beispiel etwas für die kommende Gruppenstunde mitbringen, erfragen oder bis dahin neu Erfahrenes ausprobieren.

Die Gruppenleitung kann dazu ermutigen, dass Kinder und/oder Eltern untereinander Kontakt aufnehmen, um sich zu treffen oder zu telefonieren.

Mögliche Nachteile einer geschlossenen Kindertrauergruppe:

- Geschlossene zeitlich begrenzte Gruppen haben manchmal eine zu starre Themenvorgabe und entsprechen nicht den aktuellen Bedürfnissen der Teilnehmenden, besonders wenn die Todesfälle schon unterschiedlich lange her sind.
- Insbesondere bei Kindern und Jugendlichen sind kurzfristige Angebote keine Lebenshilfe, sondern können eher als ein Projekt »Trauer« angesehen werden. Viele Trauernde »funktionieren« vorerst in dieser häufig unbegreiflichen Situation. Sie besuchen vielleicht anfangs eine Gruppe, um sich mit der neuen Lebenssituation auseinandersetzen zu dürfen, jedoch steigen sie erst bewusst in den Trauerprozess ein, wenn die Gruppe schon wieder beendet ist. Zehn Treffen können zu kurz für ein verändertes Leben sein.

Offener Jugendtrauer-Treff

Die offene Jugendtrauergruppe, auch Trauertreff genannt, ist ein Angebot für jugendliche Betroffene, die sich nicht zu einer regelmäßigen Teilnahme an den Gruppentreffen verpflichten möchten. Eine Anmeldung zu einem Gruppentreff ist nicht notwendig.

Die Treffen sollten maximal zwei Wochen auseinanderliegen, um den Jugendlichen eine Anlaufstelle für den Bedarfsfall zu bieten.

Die Regeln gelten hier wie für jede andere genannte Gruppensituation, wobei insbesondere bei unregelmäßigen Teilnehmenden immer wieder neu darauf hingewiesen werden muss.

Der Ablauf, vor allem die Eingangs- und Abschlussrituale der Treffen, sollte immer gleich sein, um insbesondere den unregelmäßig Teilnehmenden durch wiederkehrende Abläufe Sicherheit zu geben. Das bedeutet in der Praxis: Wenn die Jugendlichen regelmäßig zu Beginn des Trauertreffs in einem Sitzkreis eine Kerze für ihren erlittenen Verlust anzünden und mit einem farbigen Symbol ihre aktuelle Stimmungslage benennen können, erlernen sie damit eine Möglichkeit, ihre eigene Befindlichkeit auszudrücken. Kehren sie nun erst nach einem halben Jahr wieder zurück, erkennen sie diese Ausdrucksmöglichkeit dennoch gleich wieder und können unkompliziert ein ihnen nun bekanntes Ritual mitgestalten. Es entsteht ein »Ich bin wieder da«- oder »Das kenne ich«-Wohlgefühl.

»Hausaufgaben« sind in dieser Gruppenform nicht möglich.

Mögliche Schwierigkeiten eines offenen Jugendtrauertreffs:

- Wechselnde Personen und eine sich immer wieder verändernde Gruppengröße können für Trauernde mit dem Bedürfnis nach Halt in einer stabilen Gruppe unbefriedigend sein. Jugendliche können in Trauergruppen Vertrauen schenken und erhalten. Dies wird jedoch in der Dynamik einer offenen Gruppe mit vielen Wechseln schwierig sein.
- Die Leitung muss sich spontan auf Gruppengröße und Typen einstellen können und ihren geplanten Ablauf flexibel den situationsbezogenen Bedürfnissen der Jugendlichen anpassen.

Andauernde teiloffene Kinder- und Jugendtrauergruppe

Die teiloffene Trauergruppe ist ein verbindliches Trauergruppenangebot, bei dem die Kinder und Jugendlichen ihrem Bedarf entsprechend die Dauer der Teilnahme selbst bestimmen. Die Gruppenform ist geeignet für trauernde Kinder und Jugendliche, die sich an ihrem gefühlten Trauerbedarf orientieren und den Abschluss selbst benennen können.

Es besteht die Möglichkeit, nur nach Absprache und Vorgespräch in die Gruppe zu kommen. Ein Austritt ist jederzeit möglich. Solange man Mitglied der Gruppe ist, wird eine verbindliche Teilnahme an mehreren aufeinanderfolgenden Gruppentreffen erwartet.

Da diese Gruppenform erfahrungsgemäß von Kindern über zwei bis vier Jahre besucht wird, bieten sich monatliche Treffen an.

Der Ablauf der Treffen sollte immer gleich sein, da Rituale durch den Wiedererkennungswert Sicherheit bieten.

Projekte über zwei bis drei Treffen hinaus sind möglich.

Die Gruppe kann sich verändern, auch vergrößern. Daher empfiehlt es sich, jährlich nach Absprache in den Leitungsteams die Gruppenmitglieder in eine neue, altersentsprechende Gruppe weiterzuleiten. Dort treffen sie immer wieder auf bekannte und neue Jungen und Mädchen.

Mögliche Schwierigkeiten:

- Es kann Kinder und Jugendliche geben, die sich nicht trennen möchten, weil sie seit der Verlusterfahrung Abschiede grundsätzlich vermeiden wollen, Trennungsängste entwickeln. Es wäre wünschenswert, diese Kinder würden im Laufe der Trauergruppenzeit Umgangsmöglichkeiten dafür erlernen.
- Es kommt vor, dass Kinder die Gruppe zur Unterhaltung und nicht zur Lebensbewältigung nutzen möchten.
- Der Bedarf der Anfragen für eine Gruppenteilnahme kann nicht gedeckt werden, da die Gruppe im Laufe der Jahre eine kritische Größe erreicht hat.

Offene Kindertrauergruppen

Gruppen, die Kinder nur nach Bedarf besuchen, empfehle ich nicht, da Kinder im »Hier und Jetzt« leben und vielleicht an dem Gruppentermin keine Trauer verspüren. So ist es wahrscheinlich, dass sie sich bei freier Entscheidungsmöglichkeit nicht zur Teilnahme an der Trauergruppe entscheiden, weil andere interessante

Dinge im Vordergrund stehen, obwohl sie den Bedarf dennoch haben.

Sie könnten somit eine Chance verpassen, an diesem Gruppentermin eine Strategie für schwere Zeiten kennenzulernen, die sie dann in einer Traurigkeit alleine einsetzen könnten.

Daher stehen bei Kindern, häufig auch bei Jugendlichen, die Eltern in der Verantwortung, zum Wohle ihrer Kinder mitzuentscheiden und ihnen in einer veränderten, oftmals unsicheren Zeit feste Strukturen und Unterstützung anzubieten.

Ergänzende Elternarbeit

Ergänzend zu einer Kindertrauergruppe kann parallel eine Elterngruppe mit dem gleichen Thema angeboten werden. Für manche Eltern oder Gruppenleiter ist dies zu zeitintensiv. Dann könnte ein Elterninformationsabend alle zwei bis drei Monate eine gute Alternative sein. So erfahren die Bezugspersonen, mit welchen Inhalten sich die Kinder und Jugendlichen beschäftigen und vor welchem Hintergrund die Leitung das Angebot macht. Zugleich können Eltern auch eigene Fragen in Bezug auf die Kinder äußern und miteinander in Kontakt kommen.

Grundsätzlich ist die Begleitung der Eltern sehr wichtig, da Trauerbewältigung bei Kindern nur schwer funktioniert, wenn Väter oder Mütter sich selbst nicht mit dem Verlusterleben auseinandersetzen möchten.

Will z. B. ein Vater nicht weinen, weil er als Mann »stark« sein möchte, lehrt er damit seinen Sohn, dass in traurigen Situationen Haltung ohne Emotionen gezeigt wird, nach dem Motto: »Wenn eine Ehefrau und Mutter eines Kindes stirbt, so hat man die Zähne zusammenzubeißen und nicht zu weinen.«

In Elterngesprächen bietet sich die Möglichkeit, auch über diese Reaktionen zu sprechen.

Gerade in Krisenzeiten muss Eltern bewusst sein, dass es ihre Erziehungsaufgabe ist, Kinder zu lehren, mit Krisen, mit Traurigkeit weiterleben zu können und gute Umgangsformen dafür zu finden. Eltern können dabei auch vermitteln, dass es manchmal gut ist, Hilfe von außen dazuzunehmen. Auch dadurch können Eltern Vorbild für die Selbstwirksamkeit werden.

Qualifikation und Aufgabe des Leitungsteams

Eine qualifizierte Ausbildung ist wichtig, um hobbypsychologisch herbeigeführte Gruppendynamiken zu unterbinden. Trauerbegleiter, die lieber »aus dem Bauch« heraus arbeiten als sich schulen zu lassen, sind fehl am Platz in der Arbeit mit Menschen, die von Krisen betroffen sind! Auch qualifiziert z. B. eine eigene Verwitwung allein nicht dafür, eine Gruppe verwitweter Menschen zu leiten. Natürlich braucht es den »Bauch«, aber qualifiziert wird es erst durch die Kombination von Kopf, Herz und Bauch, wie sie durch anerkannte Anbieter von Trauerseminaren gewährleistet werden kann (Adressen siehe Anhang).

Empfehlenswert sind zwei Personen pro Leitungsteam (gerne heterogen), von denen mindestens eine Person eine qualifizierte Ausbildung als Trauerbegleiter/in haben sollte.

In Kinder- und Jugendgruppen sollte auf jeden Fall eine pädagogische Fachkraft mit in der Gruppenleitung sein. In diesen Gruppen ist es zudem sinnvoll, einen jungen Mann mit Gruppenerfahrung oder einen männlichen Studenten aus dem erziehenden, pflegenden oder lehrenden Bereich als Unterstützer insbesondere für die Jungen der Gruppe hinzuzunehmen. Diese männlichen Begleiter können den Jungen ein animierendes Vorbild sein, sich mit der Trauerthematik auseinanderzusetzen. Denn gerade in sozialen Bereichen und bei emotionalen Themen sind Männer selten vertreten, obwohl Jungen in sämtlichen Lebensphasen Vorbilder zur Orientierung benötigen. Ihnen ein solches Angebot zu machen, ist von großer Bedeutung.

Männer als qualifizierte Trauerbegleiter einzusetzen, ist aus dem gleichen Grund wichtig. Vielleicht erwächst auch aus diesem Modell das Selbstverständnis, sich sowohl als Mann wie auch als Frau mit emotionalen Lebensbereichen auseinanderzusetzen. In den Kinder- und Jugendgruppen meines Instituts für Familientrauerbegleitung »Lavia« sind ca. 45 Prozent Jungen, in den Erwachsenengruppen liegt der Männeranteil bei ca. 40 Prozent. Dies führen wir auf heterogene Leitungsteams zurück.

Grundsätzlich gilt, dass die Gruppenleitung an Gesprächen in der Gruppe teilnimmt, sich jedoch mit persönlichen Trauerbeispielen zurückhält. Die Gruppenleitung ist weder ständiger Beobachter noch Teilnehmer, sondern eher Moderator und Gesprächsverlaufs-Animateur.

Zugunsten der gesamten Gruppe muss die Gruppenleitung in Monologe eingreifen können, gegebenenfalls wertende Meinungen in Bezug auf die Unterschiedlichkeit von Trauerempfinden korrigieren.

All dies zeigt, wie wichtig Gruppenerfahrungen und eine entsprechende Ausbildung sind: Nur so kann die Gruppendynamik erfasst und die Gesprächsführung übernommen werden.

Die Person aus der Gruppenleitung, die eine Trauerbegleitungsausbildung hat, sollte bei Bedarf auch zwischen den Gruppenstunden ansprechbar sein. Denn fühlt sich jemand durch die Gespräche belastet, ist es wichtig, sich an die Gruppenleitung wenden zu können. Niemand soll beschwert nach Hause gehen. Dass sich in den folgenden Stunden oder in der darauffolgenden Nacht der Trauerschmerz verstärkt oder Unruhe auftritt, ist normal und wird mit der Zeit immer seltener vorkommen. Es ist vergleichbar mit der »Erstverschlimmerung« bei der Einnahme homöopathischer Mittel: ein Zeichen dafür, dass die Wahl des Mittels die richtige war und erste Wirkung zeigt. Verändert sich der Schmerz jedoch nicht oder hat der Trauernde ein ungutes Gefühl, ist es wichtig hinzuschauen, ob etwas anderes als diese Gruppe hilfreich ist.

Abschließend ist mir der Hinweis auf die Notwendigkeit des kollegialen Austausches und der Supervision wichtig. Unterstützende im pädagogischen Bereich können anderen nur hilfreich sein, wenn sie sich selbst und ihre Arbeit immer wieder in den Fokus nehmen.

Gemeinsame Interessen und Ziele

Menschen, die Trauergruppen aufsuchen, möchten sich mit anderen ähnlich Betroffenen austauschen, Erfahrungen hören, über den Verstorbenen und die damit einhergehende Veränderung sprechen und Kontakte knüpfen. Zusätzlich zu diesen Gemeinschaftserfahrungen sollte die Trauergruppenarbeit unbedingt auch darauf hinzielen, den Teilnehmenden Informationen über den Trauerprozess und Trauermodelle zu vermitteln. Mir wird in der Arbeit immer wieder bewusst, dass die Transparenz der Trauerarbeit für die Selbstbestimmung und Selbstwirksamkeit der trauernden Menschen jeden Alters absolut wichtig ist. Gruppenteilnehmende sollen wissen, an welchen wissenschaftlichen Trauermodellen sich die Gruppenleitung orientiert, damit sie verstehen, inwiefern sich ihre Trauer nicht nur durch die Gemeinschaft, sondern auch durch gezielte Inhalte verändern kann.

Ein weiteres Interesse von trauernden Menschen ist es, aus dem Mittelpunkt oder dem Mitleid, Unverständnis oder auch der Trauer-Ignoranz nahestehender Menschen heraus in einer Gruppe ähnlich Denkender und Fühlender Zuflucht zu finden. Sie wollen sich dort als »normal« erleben, nicht als Außenseiter oder als »nicht funktionierende Personen« der Gesellschaft wahrgenommen werden. Dies ist für viele Trauernde jeden Alters ein Grund, eine Gruppe aufzusuchen, beim Kindergartenkind angefangen. Dazu kommen noch viele weitere Gründe:

- Der Zeitfaktor: die Auseinandersetzung mit der Trauersituation braucht Zeiträume, in denen man zur Ruhe kommen und sich auf Themen rund um den Verlust konzentrieren kann.
- Halt und Sicherheit durch den Austausch mit Gleichgesinnten über die ähnlich veränderte Lebenssituation zu erleben.
- Die Möglichkeit, einen strukturierten Blick auf den bereits gelebten Trauerprozess, das »Hier und Jetzt« mit Ausblick auf die Zukunft zu werfen, zu reflektieren und dadurch das eigene Leben wieder gezielter selbst steuern zu können.
- Indem die jeweiligen Alltagssituationen der Einzelnen in den Blick genommen werden, nehmen die Gruppenmitglieder Tatsachen und Reaktionen wie z. B. die Überforderung junger Eltern, Vereinsamung älterer Menschen etc. als normal, aber änderbar wahr.
- Anregungen für die Gestaltung des aktuellen Trauererlebens durch unterschiedliche Ausdrucksformen, wie z. B. Schreiben, Reden, Musizieren, kennenzulernen.
- Die Realität des Todes und des Verlustes durch Gespräche und Austausch besser zu begreifen.

- Hilfen zu erhalten, um die Tatsache des Verlustes und seiner Konsequenzen eher akzeptieren zu können.
- In einer Gruppe die Vielfalt der Gefühle von Wut über Trauer bis hin zur Erleichterung bei anderen und bei sich wahrzunehmen, zu akzeptieren und adäquat ausdrücken zu lernen.
- In einem Umfeld des Verständnisses den emotionalen Schmerz (Sehnsucht, Leere, Einsamkeit, Herzschmerz, depressive Verstimmungen) zu benennen, zuzulassen und durch den Austausch erträglicher zu machen.
- Die Möglichkeit zu bekommen, die eigene Neuorientierung auf dem veränderten Lebensweg mit anderen zu vergleichen.
- Durch Themenangebote die sowohl im praktischen wie auch im sozialen Bereich veränderte Umwelt anzusprechen.
- Der Wunsch, über Veränderungen des Selbstbildes sowie von Glaubens- bzw. Hoffnungsbildern sprechen zu können.
- Durch Anregungen anderer dem verstorbenen Menschen einen Ort des Verbleibens zuzuweisen: auf dem Lebensweg (z. B. Hochzeitstag), körperlich (z. B. vererbte Charaktereigenschaften), emotional (z. B. an meiner Seite) oder an einen bestimmten Ort (z. B. Himmel) gebunden.

Gruppenregeln

Gemeinsame Gruppenregeln und Vereinbarungen sind für Trauergruppen genauso wichtig wie für jede Form der Gruppenarbeit. Es bietet sich an, dass zu Beginn einer neuen Gruppe oder wenn neue Teilnehmende zu einer bestehenden Gruppe dazustoßen, kurz die Umgangsregeln angesprochen und gemeinsam vereinbart werden. Folgende Regeln haben sich meines Erachtens bewährt:

- Für feste Gruppen ist eine verbindliche Anmeldung spätestens nach dem ersten Treffen sinnvoll. Um verbindliches Erscheinen wird gebeten, ebenfalls um Abmeldung bei Verhinderung, um den Ablauf besser planen zu können.
- Persönliche Dinge werden nicht mit Namen verbunden aus der Gruppe herausgetragen. Dennoch ist es denkbar, dass jeder Informationen aus der Gruppe, die ihn auch noch nach dem Tref-

fen beschäftigen, mit ihm vertrauten Personen im geschützten Rahmen besprechen darf. Dieser Hinweis ist besonders gegenüber Kindern wichtig, damit diese nicht glauben, sie dürften z. B. mit den Eltern nicht über Dinge reden, die sie aus der Gruppe heraus beschäftigen. Dies wäre für die gesamte Arbeit kontraproduktiv.

- Die Teilnehmenden sollen durch die Ansprache der Leitung und durch den Aufforderungscharakter der Gruppenthemen zum Erzählen und zum Austausch ermutigt werden. Dabei gilt immer die Regel, dass jeder nur so viel von sich spricht, wie es ihm angenehm ist.
- Die Teilnehmenden dürfen ihre Gedanken immer aussprechen, es ist jedoch der Gruppenleitung vorbehalten, in das Gespräch einzugreifen, wenn das Gespräch eine für die Gruppe schwierige Wendung bekommt oder zu lange gesprochen wird. Eine schwierige Wende erlebe ich z. B., wenn Trauernde eine dramatische Situation in jeder Kleinigkeit schildern und somit sich selbst wie auch die anderen Teilnehmer in den Sog des damaligen schrecklichen Geschehens hineinnehmen. Hier gilt es, die Erzählung zu unterbrechen und aufzuzeigen, dass die damalige Situation Menschen handlungsunfähig gemacht hat und wir heute die Möglichkeit bekommen, uns Stück für Stück damit auseinanderzusetzen. Ist die Erzählung dem Teilnehmenden ein großes Bedürfnis, könnte für ihn eine zusätzliche Einzelbegleitung hilfreich sein. Trauerbegleiter von Gruppen müssen immer das Wohl aller im Blick haben.
- In meinen Gruppen erlebe ich oft Erleichterung, wenn ich anspreche, dass wir in der Vorstellungsrunde nur kurz benennen, woran der Angehörige, sei es Erwachsener oder Kind, verstorben ist. In der Trauergruppe steht der/die Trauernde im Fokus, der Grund für den Tod und die damit einhergehende Tragik können nach und nach in den Gesprächseinheiten ihren Raum bekommen.
- Aufgrund unterschiedlicher Persönlichkeiten in den Gruppen kommen unterschiedliche Ansichten und Perspektiven zutage. Deshalb ist es wichtig, sich darauf zu verständigen, dass alle Personen und Beiträge wertschätzend behandelt, aber natürlich

hinterfragt werden dürfen. Auf Vergleiche, Ratschläge oder Bewertungen in Bezug auf die unterschiedlichen Verluste und Reaktionen soll verzichtet werden, da es immer um den persönlichen Verlust geht, der sich z. B. nicht am Alter oder an der Dauer des gemeinsamen Lebens berechnen lässt.

Ort und Zeit

Für Trauergruppen eignen sich Räume in einer Trauerbegleitungsinstitution, einer Kirchengemeinde, in einem Bürgerzentrum oder in einem Hospiz. Auf jeden Fall sollte sich die Gruppe immer am gleichen Ort treffen. Auch innerhalb eines Pfarrheimes sollten die Gruppenräume nach Möglichkeit nicht variieren, da besonders nach Verlusterlebnissen bekannte Strukturen und Äußerlichkeiten Sicherheit vermitteln.

Der Ort sollte gut mit Bus und Bahn erreichbar sein. Parkmöglichkeiten sollten vorhanden und Toiletten gut zugänglich sein.

Der Gruppenraum sollte hell, freundlich gestaltet und ausreichend groß sein, damit es möglich ist, zwischen den Stühlen der Teilnehmenden einen kleinen Abstand einhalten zu können. Die Größe eines Pfarrsaals wäre allerdings unangemessen, da Trauergruppen, gerade weil sie sehr persönliche Dinge ansprechen, einen Rahmen der Intimität und Gemütlichkeit für die Förderung einer vertrauten Gesprächskultur benötigen. Aus diesem Grund sollten auch keine Durchgangsräume genutzt werden.

Die Gestaltung des Raums kann in jeder Gruppe unterschiedlich aussehen. Manche sitzen um einen Tisch herum, andere in einem Kreis aus Stühlen, auf Hockern oder Kissen, wieder andere in einer Wohnküche. Die Mitte kann mit Blumen, Kerzen oder anderen, der Gruppe entsprechenden Symbolen gestaltet werden.

Nicht geeignet sind Privaträume des Leitungsteams.

Es bietet sich an, dass die Gruppenstunde jeweils zur gleichen Uhrzeit am gleichen Wochentag und, wenn möglich, immer im gleichen Zeitintervall, sprich z. B. an jedem ersten Mittwoch des Monats stattfindet.

Bei der Wahl der Uhrzeit sollten die Schul- und Arbeitszeiten der Teilnehmenden berücksichtigt werden. Es bietet sich an, spätestens um 19.15 Uhr die Abendgruppenstunden anzusetzen, damit anschließend noch genügend Zeit für einen eigenen Ausklang des Abends besteht, längere Fahrzeiten in Kauf genommen werden können und für junge Familien jugendliche Babysitter auch in Schulzeiten zur Verfügung stehen.

Es kann sinnvoll sein, den Gruppenteilnehmern drei Tage vor dem Treffen eine Erinnerung per SMS zukommen zu lassen. Trauernde, die sich selbst oft als unkonzentriert und vergesslich erleben, freuen sich meiner Erfahrung nach über diese Erinnerung und schreiben oft zurück. Dadurch wird zudem die Beziehung zwischen Teilnehmenden und Leitung niedrigschwellig gepflegt. Man ist »in Kontakt«.

Zeitliche und inhaltliche Struktur

Strukturen bieten Menschen, deren Leben durch Krankheit, Unfall und Tod durcheinandergeraten ist, zumindest sichere Rahmenbedingungen an. Zu Beginn der Gruppenplanung sollte das Leitungsteam deshalb festlegen, welche Rahmenbedingungen es anbieten möchte. Hierbei kommen u. a. die folgenden Angebote infrage:

- geschlossene Gruppe über einen zeitlich begrenzten Zeitraum
- regelmäßige offene Gruppe
- teiloffene Gruppe über einen unbegrenzten Zeitraum, d. h. nach Absprache können Teilnehmende sie verlassen oder dazukommen
- Trauercafé

Die Treffen finden wöchentlich, vierzehntägig oder monatlich statt, ihre Dauer variiert in der Regel zwischen 1,5 und 2,5 Stunden.

Festgelegte thematische Schwerpunkte, die sich am Bedarf der Teilnehmenden orientieren, bieten sich für ein qualifiziertes Gruppenangebot an. Hier kann man sich auch an einem thematischen

Leitmotiv wie z. B. einem Bilderbuch, an Trauerphasen, am Lebensweg oder am Jahreskreislauf orientieren.

Manche Anbieter von Trauergruppen betonen, dass sie nicht themenbezogen, sondern situationsorientiert arbeiten. Hier möchte ich zur Vorsicht aufrufen, denn ich halte es für eine wichtige Aufgabe der Leitung, eine Gruppenstunde möglichst direkt auf die Teilnehmenden zugeschnitten inhaltlich vorzubereiten. Die Gruppenleitung sollte natürlich grundsätzlich in der Lage sein, auf aktuelle Situationen zusätzlich einzugehen, diese zu moderieren oder als Themen für die kommenden Treffen aufzugreifen, wenn es für viele inhaltlich relevant ist. Aber darauf zu vertrauen, dass die Teilnehmenden ihre eigenen Themen schon mitbringen und sich in der Gruppe darüber austauschen, käme einem lockeren Kaffeetrinken unter von Trauer betroffenen Menschen gleich und würde den Ansprüchen von an Wandlung interessierten trauernden Menschen nicht gerecht.

Grundsätzlich müssen sich Gruppenleitende jederzeit fragen lassen, warum sie dieses oder jenes Angebot machen. Denn es geht darum, in Trauergruppen Menschen in Krisenzeiten zu stärken, damit sie ihren veränderten Lebensweg selbst gestalten lernen.

Allgemeiner Ablauf eines Gruppentreffens

Der Ablauf eines Gruppentreffens kann in vier Phasen eingeteilt werden: Ankommen (ca. 20 Minuten), Austausch (ca. 60 Minuten), Pause (ca. 20 Minuten) und Abschluss und Abschied (ca. 20 Minuten). Diese grobe Struktur liegt auch den Vorschlägen dieses Buches zugrunde.

Ankommen

Das Leitungsteam begrüßt, gibt Infos weiter.

Danach folgt eine Blitzlichtrunde, in der alle einmal zu Wort kommen. Inhalt der Runde sind die Ereignisse seit der letzten Gruppe, Wünsche an das jetzige Treffen und die eigene aktuelle Befindlichkeit.

Vorschläge für Impulsfragen:

- Ist seit unserem letzten Treffen etwas geschehen, von dem ich berichten möchte?
- Was fiel mir in letzter Zeit eher schwer, was ging gut von der Hand?
- Mit welchem Gefühl bin ich heute hier?

Um die Teilnehmenden dabei zu unterstützen, ihre Gefühle auszudrücken, arbeiten wir mit einem »Gefühlswürfel«: ein Pflasterstein aus Granit (im Baumarkt erhältlich), dessen sechs Seiten mit unterschiedlichen Symbolen wie Herz, Smiley, dunkle Wolke, bunte Punkte, blauer Tropfen und Sonne bemalt ist. Als Farbe bietet sich wasserfeste Abtönfarbe an. Häufig antworten Trauernde auf die Frage, wie es ihnen geht, mit: »Ach, ja, ganz gut« oder »Ach, wie

soll's mir schon gehen? Schlecht«. Tatsächlich gibt es aber mehr Gefühlsbeschreibungen, die manchmal jedoch in einer gefühlten Gleichgültigkeit untergehen. Der Granitstein, der zudem noch angenehm schwer in der Hand liegt und auf zittrige Hände beruhigend einwirken kann, bietet eine optische Vielfalt, die helfen kann, passende Worte zu finden.

Austausch und Diskussion

Das Leitungsteam nennt das Thema der Gruppenstunde und stellt eine anregende Frage dazu, um die Teilnehmenden an das Thema heranzuführen.

Fallbeispiele, eine Geschichte oder ein Lied regen den Austausch an, ebenso können kreative Methoden und Materialien eingesetzt werden.

Ein Wechsel zwischen Großgruppe, Zweiergespräch oder Kleingruppe bietet sich immer wieder an, um im kleineren Kreis auch eher zurückhaltenden Menschen Gespräche zu vereinfachen, um mehr Zeit für intensiveren Austausch zu haben und weiteres Kennenlernen untereinander zu ermöglichen.

Die Gruppenleitung kann die Kleingruppen durch das Zufallsprinzip oder bewusst nach Typen oder Verlustsituationen zusammenstellen. Auch die Einteilung in Männer- und Frauengruppe kann eine interessante Gruppierung sein.

Fragen an sich ermöglichen eine bessere Kommunikation. Fragen, die sinnvoll gestellt sind, zeigen Fachwissen und Interesse an den trauernden Menschen der Gruppe.

Impulsfragen dürfen auch »provokant« sein. Sie können Themenbereiche und Gedanken ansprechen, von denen die Kursleitung weiß, dass es sie gibt, die aber aufgrund von Unsicherheiten oder gesellschaftlichen Tabus nicht angesprochen werden. Fragen dürfen zum Bestätigen, zum Nachdenken, zum Widersprechen auffordern. Fragen sollen verschiedene Perspektiven aufzeigen, um einen Austausch facettenreicher zu machen.

Ein Beispiel: In einer Familie mit drei Kindern verunglückt das älteste Kind, das einzige Mädchen. Blitzartig geht der Mutter der

Gedanke durch den Kopf: »Oh, nein, nicht meine Tochter! Nicht die, die mir so nahe, vielleicht am nächsten stand. Warum sie und nicht … die Jungs sind mir zurzeit so fern.« Gleichzeitig setzt das schlechte Gewissen ein: »Wie kann ich als Mutter nur so etwas denken. Ich muss doch meine Kinder alle gleich lieben.«

In einer Trauergruppe verwaister Eltern könnte dieses Beispiel erzählt werden. Die Frage dazu dürfte nun *nicht* lauten: »Wem erging es genauso?« Denn damit drängt man Trauernde, etwas von sich preiszugeben, was sie vielleicht nicht möchten. Die Frage könnte eher lauten: »Könnt ihr euch in die Gedanken dieser Mutter hineinversetzen?«

Damit können sich die Gruppenmitglieder aus einer Distanz mit dem Beispiel beschäftigen und wem es ein Bedürfnis ist, kann sich persönlich dazu äußern.

Wenn die Gruppenleitung Impulsfragen stellt, muss sie sich immer bewusst sein, dass sie in der Verantwortung steht, die Gespräche und auftretenden Emotionen bei Bedarf aufzufangen. Daher sollte eine Gesprächsleitung sich bei jedem Gesprächsimpuls selbst fragen: »Welche Bedeutung hat diese Frage? Was soll sie im Gespräch bewirken? In welcher Form kann sie den Trauerprozess positiv unterstützen? Dürfte man mir in einem vertrauten Kreis in einer Trauersituation auch diese Frage stellen?« Wer diese Fragen prozessbezogen sinnvoll beantworten kann, darf sie auch stellen. Zudem ist es wichtig, von Zeit zu Zeit die Intention der Impulsfragen zu erklären. Dieses Buch beinhaltet viele direkte Fragen. Sie sollen dazu dienen, in gezielte Gespräche miteinander zu kommen.

Es gibt offene Fragen, z.B. »Wer oder was hat dich gut trösten können?«, die zum Erzählen anregen. Zu den geschlossenen Fragen, auf die eher mit Ja oder Nein geantwortet wird, können weitere Fragen gestellt werden, um Erfahrungen und Informationen auszutauschen.

Ausschließliche »Ja-Nein-Frage-und-Antwort-Spiele« schränken Gespräche ein und gehen nicht unbedingt in die Tiefe

In einer abschließenden gemeinsamen Runde findet nach der Kleingruppenzeit ein Austausch mit weiteren Fragen statt:

- Was hat euch besonders bewegt bzw. angesprochen?

- Habt ihr noch Fragen in die große Runde mitgebracht?

Diese weiteren Erkundigungen nach Gesprächsinhalten in den Kleingruppen können das Thema noch einmal in der gesamten Gruppe in einen erweiterten Meinungsaustausch bringen.

Pause für Getränke und Snacks

Nach einem intensiven Gespräch sind Pausen wichtig, um wieder in einen entspannten Zustand zu kommen. Sie ermöglichen zudem ein weiteres Kennenlernen untereinander auf anderer Ebene. In den Pausen hat das Alltagsgeschehen der Teilnehmenden erfahrungsgemäß mehr Raum als im angeleiteten Gespräch. Während der Pause werden Getränke gereicht, es kann aber auch ein gemeinsames Essen stattfinden. Die gemeinsame Mahlzeit greift ein wichtiges Ritual aus Familien und auch des Beerdigungskaffees auf, bei dem sowohl Körper wie auch Seele gestärkt werden. Der Körper durch die Nahrungsmittel, die Seele durch den Genuss und die auflockernden Gespräche. Viele Menschen erleben diese Form der Tischgemeinschaft zu Hause nicht mehr bzw. erleben kaum noch Tischgespräche mit erwachsenen Personen.

Aber auch Kinder und Jugendliche erleben die gemeinsamen Essenzeiten in den Gruppenstunden als ein »Sich-heimisch-Fühlen«. Es entsteht eine Atmosphäre, in der es sich leichter über Schweres reden lässt.

Abschluss und Abschied

In einer abschließenden Blitzlichtrunde kommen noch einmal alle zu Wort.

Impulsfragen können sein:

- Was nehme ich aus diesem Treffen mit?
- Was mache ich jetzt anschließend oder bis morgen Abend noch Angenehmes? (um den Übergang in den Alltag positiv zu fördern)

Manchen Gruppen ist ein Lied oder ein Text am Schluss hilfreich, andere entwickeln ein eigenes Abschiedsritual.

Kindertrauergruppen

Vor einigen Jahren trafen in meinem Arbeitszimmer zwei siebenjährige Jungen aufeinander. Von Lukas war die Mutter, von Patrick der Vater ein Jahr zuvor verstorben. Lukas' Vater hatte seinen Sohn für die Trauerbegleitung angemeldet, da dieser in der Schule als »Klassenclown« auffiel. Weder dort noch zu Hause zeigte Lukas eine für andere erkennbar traurige Reaktion auf den Verlust der Mutter. Patrick begleitete ich nach dem Tod des Vaters im Auftrag des Jugendamtes. Die Familie lebte in einer Obdachlosensiedlung, Patricks Mutter war geistig leicht eingeschränkt. Der Junge vermisste seinen Vater sehr, denn dieser hatte für Zuwendung und Ordnung in der Familie gesorgt. Oft verließ er weinend das Klassenzimmer und verhielt sich häufig aggressiv in der Schule, besonders, wenn er weinen musste. Deshalb erbat seine Klassenlehrerin beim Jugendamt Trauerbegleitung für den Jungen.

Als Lukas in meinen Praxisräumen zum ersten Mal auf Patrick traf, sagte er zu ihm: »Ich weiß, warum du hier bei Mechthild bist! Von dir muss irgendeiner aus der Familie gestorben sein!« Patrick antwortete: »Ja, mein Vater.« Lukas daraufhin: »Oh, da hast du aber Glück gehabt. Weißt du, das Schlimmste ist, wenn die Mutter stirbt.« Ich reagierte: »Meinst du, Lukas, es wäre für dich besser gewesen, Papa wäre gestorben?« Lukas überlegte: »Nein, ich glaube doch nicht. Weil, eigentlich fehlt immer der, der nicht da ist.«

Diesen so weisen Gedanken ließ ich erst einmal stehen und erzählte den Jungs, dass sie noch etwas verbinden würde. Dass sie nämlich beide in der Schule Stress bekommen hatten, nachdem Vater oder Mutter gestorben sind. Beide nickten sich anerkennend zu. Grinsen. Kumpels. Danach sprachen wir über die Traurigkeit, die vielleicht kurz verschwindet, wenn man andere ärgert, aber dass diese Taktik nicht der »Renner« ist. Grinsen. Und Lukas fragte, ob er mal was mit Patrick bei mir machen kann.

Diese kurze Begegnung der beiden Jungs machte mir klar, wie wichtig – neben der Einzeltrauerbegleitung – Kindertrauergruppen sind. Kinder benötigen nicht nur Unterstützung durch Information, kreativen Trauerausdruck und weitere Gesprächsanregungen durch Erwachsene, sondern auch den Austausch untereinander.

Es geht niemals darum, Kinder in Trauerzeiten zu beschäftigen, indem man mit ihnen Klettern geht, Bilder malt oder Ausflüge macht. Trauernde Kinder können sich in der Regel selbst beschäftigen und besuchen meist auch weiterhin Freizeitangebote wie den Ballett- oder Musikunterricht oder das Fußballtraining. Wenn Kinder an Trauergruppen teilnehmen, geht es immer um die Auseinandersetzung mit der Trauersituation. Es geht um Erinnerung an den Verstorbenen, die Reflexion des Vergangenen, die Ist-Situation und um das, was kommen wird. Es geht um Fragen, Ängste, Gefühle, Träume, Veränderung und Hoffnungsbilder. Es geht um den toten Menschen, um das neue Familiensystem, um Freunde und um sich selbst. Natürlich kann man mit den Kindern in der Gruppenstunde auch einmal Fußball spielen gehen. Allerdings nicht, um mal etwas anderes zu machen, sondern um sich kurz vorher und nachher mit den Themen Bewegung, frische Luft, Gemeinschaft, Spaß, Spiel auseinanderzusetzen und nachzuspüren, inwieweit das guttut und in welche anderen Lebensbereiche es auch passen würde.

Ein wichtiges Merkmal meines Trauergruppenkonzeptes ist es, dass die Kinder und ihre Trauergeschichten den Trauerbegleiterinnen im Vorfeld bekannt sind. Das ergibt sich entweder durch eine vorausgegangene Einzelbegleitung oder durch den Kontakt vor der ersten Gruppenstunde. In der Regel finden ein bis drei Gespräche statt, um die Trauersituation, die Familiensituation und die Gedanken des Kindes kennenzulernen. Diese Trauer- und Beziehungsarbeit ist für die Leiterinnen wichtig, damit sich später das Programm am Bedarf der Kinder orientieren kann. Den Kindern selbst gibt die in den Gesprächen entstandene Beziehung zur Gruppenleitung das Vertrauen, mit ihren Fragen wahrgenommen zu werden und auch schon jemanden zu kennen, wenn sie in die neue Gruppe kommen.

Somit möchte ich es sehr deutlich sagen, dass die Kindertrauerbegleitung 1. bei den Erwartungen und Bedürfnissen von Kindern und Jugendlichen ansetzt und 2. die Begleitenden pädagogisches

Grundwissen, Gruppenerfahrung und eine qualifizierte Familientrauerbegleitung benötigen.

Bei Lavia haben wir uns im Kinder- und Jugendbereich für teiloffene fortlaufende Trauergruppen entschieden. Der Grund dafür ist, dass wir wissen, dass Kinder und Jugendliche Trauer nicht in einem zehnmaligen Projekttreffen und auch nicht in einem sogenannten Trauerjahr abarbeiten können. Wenn Kinder ein Elternteil oder beide Eltern verlieren, wird das sehr wahrscheinlich ein Leben lang ein prägendes Thema bleiben, das in manchen Lebensstationen neu berührt, belastet oder Fragen aufwirft. Das bedeutet natürlich nicht, dass eine lebenslange Begleitung notwendig wäre, das Angebot einer Unterstützung über die langen Jahre des Heranwachsens ist jedoch hilfreich.

Nach meiner Erfahrung besuchen Kinder und Jugendliche die Gruppen durchschnittlich zwei bis fünf Jahre lang. Im letzten Jahr nehmen sie an den monatlichen Treffen oft nicht mehr regelmäßig, sondern eher vierteljährlich teil. Das ist dann der Zeitpunkt, an dem sich Kinder oder Jugendliche allmählich aus der Trauergruppe verabschieden, weil sie gut im Leben stehen und in traurigen Zeiten alleine oder mit Unterstützung des Familiensystems zurechtkommen.

Ungefähr 20 Prozent der Kinder wenden sich zehn Monate bis zwei Jahre später, nachdem sie sich zuvor verabschiedet hatten, wieder an ihre Trauerbegleiter und fragen, ob sie vorübergehend in die Gruppen zurückkehren dürfen. Die einen nutzen die Gruppen dann für drei Besuche, andere bleiben noch einmal für ein bis zwei Jahre dabei. Gründe für die Rückkehr sind oft Veränderungen im Familiensystem, insbesondere, wenn ein neuer Partner zum verwitweten Elternteil dazukommt oder durch Schulschwierigkeiten, Pubertät, eine neue Beziehung, einen erneuten Todesfall etc. eine weitere Veränderung eintritt.

Die Schatzkiste der Erinnerungen

Hintergrund

Die Kinder erleben, dass sie in einer Trauergruppe von dem Verstorbenen und auch von sich selbst erzählen dürfen. Dabei soll ihnen bewusst werden, dass neben der Trauer auch Erinnerungen, bei diesem Gruppentreffen in Form von Schatzgeschichten, ihren Platz haben. Das Erinnern und Erzählen ermutigt dazu, das eigene Erleben in der Zeit, als der Angehörige erkrankte und/oder verstarb, mit dem Leben heute in einen Zusammenhang zu bringen. Erfahrungsgemäß lachen die Kinder, wenn sie von ihren Erinnerungen erzählen. Denn es sind – trotz des Verlustes – positiv besetzte Momente. In dieser Gruppenstunde wiederholen sie ihre Geschichten, einmal im Zweier- und einmal im Gruppengespräch. Durch die Wiederholungen lernen sie, beim Erzählen Hemmungen abzulegen. Erinnerungen werden angeregt und die Geschichten werden beim zweiten Erzählen oft ausgeschmückter wiedergegeben.

Material

- das Bilderbuch »Leb wohl, lieber Dachs« von Susan Varley, Berlin 2009
- zwei Schatzkisten/Koffer voll mit »Krimskrams« wie Parfum, Rasierwasser, Brille, Taschenmesser, Bonbon, Getränk, Schneebesen, Füllhalter, Kinokarte, Christbaumkugel, Fotoapparat, Muschel etc.
- Stifte (auch gold- und silberfarbene)
- Arbeitsblätter in der Anzahl der Teilnehmenden (»Schatzkiste«)

Ablauf

Einstiegsritual – 10 Minuten

Der Gefühlswürfel geht mit den folgenden Fragen um den Tisch:

- Ist seit unserem letzten Treffen etwas geschehen, von dem ich hier kurz berichten möchte?
- Fiel mir in der letzten Zeit etwas schwer und ging mir etwas eher leichter von der Hand?
- Mit welchem Gefühl bin ich heute hier?

In der gesamten Gruppe – 30 Minuten

In der Gruppe wird die Geschichte aus dem Buch »Leb wohl, lieber Dachs« nacherzählt.

Weil in der Geschichte der Dachs sehr alt ist, als er stirbt, ist es wichtig, darauf hinzuweisen, dass Menschen an Altersschwäche, aber auch an sehr schweren Krankheiten oder sehr schweren Unfallverletzungen sterben können. Dadurch schafft man eine Verbindung zwischen dem Tod und allen davon betroffenen Altersklassen, die den Kindern bekannt sind.

Nach der Erzählung wird das Treffen der Tiere betont, bei dem sie einander Schmunzelgeschichten vom Dachs erzählen und davon sprechen, was der Freund sie gelehrt hat. Im Buch heißt es: »Und all diese Erinnerungen bewahrten sie wie einen Schatz in ihrem Herzen auf.«

Die Jungen und Mädchen werden anschließend in Kleingruppen aufgeteilt.

Austausch in Sechsergruppen – 45 Minuten

Die Kleingruppen erhalten je eine Schatzkiste, gefüllt mit Gegenständen, die dem Alltag und den besonderen Zeiten wie Feiertage und Urlaub von jungen Familien entsprechen.

Der Auftrag lautet: Schau in die Kiste hinein, vielleicht findest du eine Schmunzel- oder andere gute Erinnerungsgeschichte über den Verstorbenen darin. Etwas, was du mit ihm gemacht, erlebt hast. Oder du findest einen Erinnerungsgegenstand, mit dem du erzählen kannst, was er gut konnte, oder du erzählst, was du von ihm gelernt hast.

Nach einer gewissen Zeit, in der die Kinder in der Kiste suchen und finden, setzen sich alle in den Kreis und erzählen erst ihrem an der linken Seite sitzenden Nachbarn die Geschichte und hören sich die andere Geschichte an.

Nach ca. fünf Minuten fordert die Gruppenleitung ein Kind auf, in der gesamten Kleingruppe von seinem Erlebnis zu berichten. Anschließend macht der linke Nachbar weiter.

Die Gruppenleitung ermutigt durch Zwischenfragen, dass Gespräche über Gemeinsamkeiten oder spannende Dinge in Gang kommen. Alle Erzählungen werden wertschätzend behandelt.

Anschließend erhalten die Kinder das Arbeitsblatt mit der Einladung, in die aufgezeichnete Schatzkiste den Gegenstand/die Gegenstände zu malen, die stellvertretend für ihre Erinnerungsgeschichten stehen.

In der gesamten Gruppe – 25 Minuten

Gibt es etwas aus den Kleingruppen zu berichten?

Erinnert ihr euch eigentlich noch an die Stimme? Das Gesicht? Viele erschrecken, wenn sie vielleicht schon nach kurzer Zeit merken: Ich weiß das alles gar nicht mehr. Das ist aber normal, weil unser Gehirn ja gar nicht alles sammeln und halten kann. Trotzdem braucht niemand Sorge haben, man würde den Menschen eines Tages ganz vergessen. Das geht gar nicht, selbst wenn ihr es versuchen würdet. Mit Fotos, Geschichten und Erinnerungsgegenständen können wir die Dinge, die uns wichtig sind, immer in uns tragen.

In der Mitte steht nun eine Kiste mit allen Gegenständen aus den Kleingruppen. Die Kinder suchen sich wiederum einen Gegenstand aus und erzählen, was dieser Schatz mit ihnen selbst zu tun hat. Bei dieser Übung geht es darum, dass die Kinder nicht darauf fixiert werden, nur über den Verstorbenen zu sprechen, sondern auch ihre Umwelt, in diesem Falle sich selbst, in den Blick zu nehmen. Das funktioniert mit den gleichen Gegenständen, die vorher für die verstorbenen Angehörigen benutzt wurden, denn Erinnerungsstücke, die Schatzgeschichten auslösen, sind vielseitig verwendbar.

Abschlussritual – 10 Minuten

Der Gefühlswürfel geht mit der Frage um den Tisch: Mit welchem Gefühl gehe ich nach Hause? Was mache ich noch Gutes bis zu diesem Wochenende?

Muttertag – Vatertag

Hintergrund

Auch trauernde Kinder erleben, dass die Welt sich immer weiterdreht. Obwohl ein geliebter Mensch verstorben ist, finden weiter Feiertage, Gedenktage und Festlichkeiten statt. Eines Tages stehen Mutter- und Vatertag vor der Tür und in der Grundschule basteln alle Kinder ein Geschenk für die Mutter oder lernen zum Vatertag ein Gedicht. Wohin mit dem Geschenk, wenn die Eltern verstorben sind?

Kinder, die aufgrund des Verlustes von Geschwistern oder Großeltern in der Trauergruppe sind, können sich dennoch in die Thematik einfühlen, mitüberlegen und später die kreative Aktion für ihren fehlenden Menschen nutzen.

Material

- Muttertagwerbung aus Zeitschriften und Prospekten
- buntes Tonpapier
- mehrere Schablonen in Blüten- und Sternenform (»Blüte«)
- Scheren und Stifte
- doppelt so viele Umschläge wie Kinder in der Gruppe sind
- eine flache Schale, mit Wasser gefüllt

Ablauf

Einstiegsritual – 10 Minuten

Ein Gefühlswürfel geht mit folgenden Fragen um den Tisch:

- Ist seit unserem letzten Treffen etwas geschehen, von dem ich hier kurz berichten möchte?

- Fiel mir in der letzten Zeit etwas schwer und ging mir etwas eher leichter von der Hand?
- Mit welchem Gefühl bin ich heute hier?

In der gesamten Gruppe – 30 Minuten

Bilder aus der Muttertagwerbung werden ausgelegt. Die Kinder werden gebeten zu erzählen, an welche Mutter- oder Vatertagsgeschenke sie sich erinnern. Wie wurden diese Tage zu Hause begangen? Mit einem festlichen Essen, Geschenken oder gar nicht?

Nach dem Austausch stellt die Gruppenleitung den Kindern die Aktion vor: In eine flache, mit Wasser gefüllte Schale setzt sie vorsichtig eine Papierblüte, deren Blütenblätter in die Mitte gefaltet sind. Sobald die Blume mit dem Wasser in Berührung kommt, öffnet sie langsam ihre Blätter, bis sie schließlich wie eine Seerose flach auf dem Wasser schwimmt. In die Mitte der Blüte kann ein lachendes Gesicht gemalt sein, das erst beim Aufgehen sichtbar wird.

Danach werden die Jungen und Mädchen in Kleingruppen aufgeteilt.

Austausch in Sechsergruppen – 45 Minuten

An den Plätzen der Kleingruppen liegen Tonpapier, Scheren und Stifte bereit. Die Trauerbegleiterin bittet die Kinder, eine Stern- oder Blütenform für den verstorbenen Menschen und eine für eine lebende enge Bezugsperson auszusuchen.

Nachdem alle ihre zwei Blüten oder Sterne ausgeschnitten haben, schreiben oder malen die Kinder hinein, was sie dem/der Verstorbenen schenken möchten. Das Geschenk kann ein Satz, ein Gedicht, aber auch ein Gegenstand sein, über den sich der Mensch zu Lebzeiten gefreut hätte.

Das Gleiche machen die Kinder für den überlebenden Elternteil oder eine andere nahe Bezugsperson, mit einem Dank oder Wunsch verbunden. Bei den Wünschen sollte darauf geachtet werden, dass sie nicht materiell sind. Natürlich dürfen auch Bilder oder schöne Muster der Mittelpunkt sein.

Nach ca. 30 Minuten stellen sich die Kinder gegenseitig ihre gemalten und beschriebenen Formen vor. Die Gruppenleitung sorgt auch hier wieder mit Zwischenfragen dafür, dass Gespräche miteinander in Gang kommen. Natürlich gilt wieder, dass alle Geschenkideen wertschätzend behandelt werden.

Abschließend falten die Kinder Blütenblätter bzw. Zacken der Sterne zur Mitte und legen sie jeweils in ein Briefkuvert.

In der gesamten Gruppe – 20 Minuten

Gibt es etwas aus den Kleingruppen zu berichten?

Die Kinder werden aufgefordert zu erzählen, wo sie dem Toten die Geschenkblume hinbringen. Hier käme z. B. der Friedhof, der Garten oder ein Ort, an dem der Verstorbene gerne war, infrage. Die Gruppenleitung weist darauf hin, dass es praktisch ist, einen Suppenteller als Schale und in einem zugeschraubten Marmeladenglas Wasser mitzunehmen, falls es an dem Ort keinen Wasserbehälter gibt.

Danach tauschen sich die Kinder darüber aus, wem sie die andere Blüte schenken werden.

In der Mitte steht noch immer die mit Wasser gefüllte Schale. Eine von der Gruppenleitung vorbereitete Blume geht im Kreis herum, und jeder denkt sich einen Wunsch hinein. Sie wird zum Abschluss ins Wasser gelegt und – »wusch« – beim Öffnen der Blütenblätter sausen spürbar die Wünsche heraus. ☺

Abschlussritual – 10 Minuten

Der Gefühlswürfel geht mit der Frage um den Tisch: Mit welchem Gefühl gehe ich nach Hause? Was mache ich noch Gutes bis zu diesem Wochenende?

Das Bonbon-Fragespiel

Hintergrund

Die Kinder sollen durch gezielte Fragen, die auf dem Trauermodell von Worden basieren, spielerisch angeregt werden, sich mit ihrer Trauer auseinanderzusetzen. Einige Fragen sind geschlossen gestellt, d.h. die Kinder könnten nur mit Ja oder Nein antworten. Dann ist es wichtig, mit weiteren (Nach-)Fragen ins Gespräch zu kommen.

Material

- 2-mal ca. 100 Spielchips in je fünf unterschiedlichen Farben liegen gleichmäßig verteilt in zwei Schalen oder es steht ein Kaugummispender mit fünf verschiedenfarbigen Kaugummikugeln auf dem Tisch.
- kleine, durchsichtige Cellophanbeutel und unterschiedlich gefüllte Bonbonnieren
- 24 Fragekarten, orientiert am Trauermodell von Worden, die jeweils einer Farbe zugeordnet werden

Gelb für »Begreifen«:

- Hat man dir gesagt, dass dein Vater, Bruder, deine Mutter oder Schwester sterben würde? Warum sagen es einige Eltern nicht?
- Hast du gleich verstanden, dass dein Vater, Bruder, deine Mutter oder Schwester tot ist? Wer oder was hat dir geholfen zu verstehen?
- Durftest du den toten Menschen noch einmal sehen?
- Warst du bei der Beerdigung oder später am Grab?
- Wo merkt man zu Hause, dass dein Vater, Bruder, deine Mutter oder Schwester fehlt?

- Gibt es auch etwas, was man erst nach Monaten oder Jahren begreift, dass man es durch den Tod verloren hat? Was könnte das sein?

Rot für die »Vielfalt der Gefühle«:
- Was machst du, wenn du traurig bist?
- Wer oder was hilft dir, wenn du traurig bist?
- Kann man auch lachen, obwohl man traurig ist, weil jemand gestorben ist? Erzähl mal.
- Wie möchtest du am liebsten getröstet werden?
- Kann Traurigkeit auch wehtun? Wenn ja, wo?
- Kennst du jemanden, der nach dem Tod eines Menschen Schuldgefühle hatte? Aus welchem Grund könnte das sein?

Blau für »Veränderung«:
- Hat sich seit dem Tod etwas in eurer Wohnung verändert? Was?
- Sind deine Freunde und Freundinnen noch genauso da wie vor dem Tod oder hat sich da etwas verändert?
- Bist du seit dem Tod deines Vaters, Bruders, deiner Mutter oder Schwester anders geworden? Mutiger, größer, ängstlicher, stiller …?
- Haben sich andere aus deiner Familie seit dem Tod von Vater, Bruder, Mutter oder Schwester verändert? Wie?
- Ganz kleine Kinder denken immer, Mama, Papa oder der liebe Gott bringen alles, was traurig ist, wieder in Ordnung. Kennst du diesen Gedanken auch? Mit wem sprichst du darüber?
- Welche größeren Ereignisse sind bei dir seit dem Tod bis heute schon neu eingetreten?

Grün für einen »guten Ort«:
- Glaubst du, dein toter Vater, Bruder, deine verstorbene Mutter oder Schwester sind an einem bestimmten Ort? Und wenn ja, wo?
- Denkst du, dein toter Vater, Bruder, deine verstorbene Mutter oder Schwester können alles sehen und hören, was wir machen?
- Hast du eine Erinnerungskiste oder etwas Ähnliches von dem Menschen, der verstorben ist? Erzählst du von einem Gegenstand, der darin ist?

- Bist du deinem toten Vater, Bruder, deiner verstorbenen Mutter oder Schwester ähnlich? Hast du eine Eigenschaft geerbt oder übernommen? Welche?
- Es gibt den Spruch: »Du wirst für immer in meinem Herzen sein.« Wie viele Menschen passen wohl in unser Herz?
- Glaubst du, alle Leute aus deiner Familie denken und spüren das Gleiche, wenn man von einem »Ort« spricht?

Ablauf

Einstiegsritual – 10 Minuten

Ein Gefühlswürfel geht mit folgenden Fragen um den Tisch:

- Ist seit unserem letzten Treffen etwas geschehen, von dem ich hier kurz berichten möchte?
- Fiel mir in der letzten Zeit etwas schwer und ging mir etwas eher leichter von der Hand?
- Mit welchem Gefühl bin ich heute hier?

In der gesamten Gruppe – 15 Minuten

In der Gruppe wird bekannt gegeben, dass heute das »Bonbon-Trauer-Frage-Spiel« stattfindet. Die Spielregeln lauten:

Du erhältst einen farbigen Chip, den du vor dich legst. Dann wählst du eine verdeckte Fragekarte in der gleichen Farbe. Du liest die Frage auf der Karte vor und beantwortest sie mit einer Begründung. Es gibt keine falschen Antworten, jede Antwort, die du dir bei der Frage denkst, ist richtig. Es ist o.k., wenn du eine Frage nicht beantworten möchtest, aber sage den anderen, warum. In diesem Fall legst du den Chip wieder in den Behälter zurück. Wenn du die Frage beantwortest, behältst du den Chip. Wenn jemand anderes auch etwas zu dem Gedanken sagen möchte, ist das möglich.

Dann teilen sich die Kinder in zwei Kleingruppen auf.

Austausch in Kleingruppen – 60 Minuten

Die Kleingruppen erhalten je ein Kartenset und die Spielchips.

Danach beginnt das Spiel. Ein Kind fängt an und nimmt sich einen Chip und eine Fragekarte in der gleichen Farbe. Hat es die Frage beantwortet, darf es diese an eine weitere Person im Kreis weitergeben. Die Gruppenleitung achtet darauf, dass alle Kinder gleichmäßig einbezogen werden, und leitet bei Bedarf selbst eine beantwortete Frage weiter.

Je nach Frage kann die Gruppenleitung auch entscheiden, dass eine Frage an alle im Kreis gestellt wird. Jeder, der antwortet, erhält auch einen Spielchip. Möglicherweise ergeben sich bei einzelnen Fragen Diskussionen. Das darf sein, denn das Spiel dient dazu, Gespräche über bestimmte Inhalte auf spielerische Art in Gang zu bringen. Spielchips werden in Diskussionsgesprächen jedoch nicht verteilt.

Wenn alle Fragen beantwortet sind oder die Konzentration der Kinder nachlässt, bietet sich ein Bewegungsspiel an, um die intensive Sitz- und Gesprächsatmosphäre aufzulockern.

In der gesamten Gruppe – 25 Minuten

- Gibt es etwas aus den Kleingruppen zu berichten?
- Gab es eine Karte, die besonders schwierig zu beantworten war?
- Fällt jemandem noch eine gute Frage ein, die mit in das Spiel aufgenommen werden soll?

Nach einem kurzen Austausch dürfen sich die Kinder aus den Bonbonnieren so viele Süßigkeiten nehmen, wie sie Spielchips »erarbeitet« haben.

Abschlussritual – 10 Minuten

Der Gefühlswürfel geht mit der Frage um den Tisch: Mit welchem Gefühl gehe ich nach Hause? Was mache ich noch Gutes an diesem Wochenende?

Trostsalben herstellen

Hintergrund

Kinder dürfen traurig sein, erst recht, wenn sie einen Grund dazu haben. Häufig wird ihnen dennoch gesagt: »Sei doch nicht so traurig.« Oder: »Es ist doch nicht so schlimm!« Aussagen dieser Art vermitteln aber keinen Trost, sondern wirken auf die Kinder wie eine persönliche Zurückweisung. Um zu lernen, wie Krisen bewältigt werden können, ist es wichtig, Gefühle zuzulassen und gesunde Strategien zu entwickeln, diese auszudrücken und damit leben zu können. Kinder, generell trauernde Menschen, sollen nicht Opfer von überwältigenden Emotionen werden, sondern selbstwirksam handeln. Das bedeutet, für sich selbst sorgen zu können und auch zu wissen, wo und bei wem Hilfe und Trost zu finden ist.

Material

- eine Pflasterbox mit der Aufschrift »Trostpflaster«, gefüllt mit einem Pflasterstreifen mit der Aufschrift »Tut doch nicht so weh!«
- einige Pflasterstreifen, die gut beschriftet werden können
- kleine Salbendosen in der Anzahl der Teilnehmenden, gefüllt mit einer duftneutralen Fettcreme
- Duftöle aus dem Reformhaus
- Zahnstocher

Ablauf

Einstiegsritual – 10 Minuten

Ein Gefühlswürfel geht mit folgenden Fragen um den Tisch:

- Ist seit unserem letzten Treffen etwas geschehen, von dem ich hier kurz berichten möchte?
- Fiel mir in der letzten Zeit etwas schwer und ging mir etwas eher leichter von der Hand?
- Mit welchem Gefühl bin ich heute hier?

In der gesamten Gruppe – 30 Minuten

In der Mitte liegt die Pflasterbox mit der Aufschrift »Trostpflaster«. Die Kinder werden aufgefordert, die Box zu öffnen. Innen liegt ein Pflasterstreifen mit der Aufschrift: »Tut doch nicht so weh!«

Die Gruppe sammelt gemeinsam ähnliche Sprüche, die auf die weiteren Pflasterstreifen geschrieben werden, z. B.: »Ist doch nicht so schlimm!«, »Das wird schon wieder!«, »Wer weiß, wofür das gut ist.«, »Bis du heiratest, ist alles wieder verheilt.«, »Indianer weinen nicht!«

Die Gruppenleitung fragt die Kinder, was der Grund dafür sein könnte, dass manche Leute solche Sätze sagen.

Die Jungen und Mädchen werden anschließend in Kleingruppen aufgeteilt.

Austausch in Sechsergruppen – 45 Minuten

In den Kleingruppen erhält jedes Kind eine kleine Salbendose, die mit einer duftneutralen Fettcreme gefüllt ist. Auf dem Tisch stehen Duftöle.

Die Trauerbegleiterin fragt: »Welcher Duft könnte dir guttun, dich trösten, dich beruhigen, wenn du traurig bist?

Die Kinder können an den Ölen schnuppern, sie hin und her reichen und kommentieren. Anschließend entscheiden sie sich für einen oder mehrere Düfte, träufeln wenige Tropfen davon in ihre Salbendose und verrühren die Mischung mit einem Zahnstocher.

Während und nach der Salbenzubereitung werden folgende Fragen besprochen:

- Weshalb hast du dich für diesen Duft entschieden?
- Erinnert der Duft an den Verstorbenen und tut dir deswegen so gut oder hat der Duft mit dem Verstorbenen gar nichts zu tun und könnte dir deshalb hilfreich sein?
- Wann würdest du die Salbe benutzen?

- Gibt es jemanden in deiner Nähe, der auch so eine Trostsalbe gebrauchen könnte? Magst du eine für ihn herstellen?
- Welche Stellen kann man gut eincremen, wenn man traurig ist? Z. B. an der Hand, um den Duft einzuatmen, an der Stirn, damit die Salbe gegen traurige Gedanken hilft. In der Herz- oder Bauchgegend verreiben, weil es dort manchmal schmerzt?
- Kann man die Salbe auch vorbeugend, z. B. wie ein Schutzschild benutzen? Ringer ölen sich auch ein, um den Feind abflutschen zu lassen. Vielleicht wirkt die Salbe so ähnlich?
- Was tut dir noch gut, wenn du traurig bist?
- Wer oder was hilft dir in der Traurigkeit?
- Glaubst du, du kannst durch den Tod in deiner Familie mehr traurige Gefühle aushalten als andere Kinder?
- Wirst du gerne von anderen getröstet?

Erfahrungsgemäß rühren die Kinder so lange in ihren Salbendosen wie der Austausch in der Kleingruppe dauert.

In der gesamten Gruppe – 20 Minuten

Gibt es etwas aus den Kleingruppen zu berichten?

In der Mitte liegen kleine Klebesticker, von denen jedes Kind einen oder zwei auswählen und auf seine (fettfreie!) Salbendose zur Verzierung kleben darf. Mit wasserfesten Stiften darauf zu malen, empfiehlt sich nicht, da sich die Farbe durch das Salbenfett schnell ablösen würde.

Anschließend wird noch einmal in der Runde gefragt, wo die Salbendose aufbewahrt wird: in der Jackentasche, in der Schultasche, auf dem Nachttisch …?

Abschlussritual – 10 Minuten

Der Gefühlswürfel geht mit der Frage um den Tisch: Mit welchem Gefühl gehe ich nach Hause? Was mache ich noch Gutes an diesem Wochenende?

Ostergedanken

Hintergrund

Nicht nur in der Osterzeit setzen sich Kinder mit dem Gedanken an ein mögliches Wiedersehen mit dem Verstorbenen – religiös gesprochen: mit der Auferstehung – auseinander. Sie übernehmen dabei Glaubensbilder ihrer Familie, entwickeln aber auch eigene Hoffnungsbilder. Meiner Erfahrung nach glauben 95 Prozent aller Kinder bis zum 13. Lebensjahr an einen Himmel, in dem sie die Verstorbenen wiedersehen werden. Auch J. W. Worden benennt die Wichtigkeit, dem erlittenen Verlust, dem verloren gegangenen Menschen einen Ort zu geben, an dem er gut aufgehoben ist.

Material

- Das Buch »Abschied von der kleinen Raupe«, von Heike Saalfrank, Würzburg 2010
- Fotos von einer Raupe, einem Kokon, einem schlüpfenden und einem fliegenden Schmetterling
- eine Tulpenzwiebel ohne sichtbaren Trieb
- kleine Blumentöpfe, in denen Tulpenknospen wachsen, und passende einfache Übertöpfe aus Plastik in der Anzahl der Kinder
- wasserfeste Eddingstifte in verschiedenen Farben

Ablauf

Einstiegsritual – 10 Minuten

Ein Gefühlswürfel geht mit folgenden Fragen um den Tisch:

- Ist seit unserem letzten Treffen etwas geschehen, von dem ich hier kurz berichten möchte?
- Fiel mir in der letzten Zeit etwas schwer und ging mir etwas eher leichter von der Hand?
- Mit welchem Gefühl bin ich heute hier?

In der gesamten Gruppe – 30 Minuten

In der Gruppe wird die Geschichte »Abschied von der kleinen Raupe« vorgelesen oder nacherzählt und passend dazu Fotos von der Entwicklung eines Schmetterlings gezeigt.

Die Geschichte handelt von einer kleinen Schnecke und einer kleinen Raupe, die oft miteinander spielen, bis sich die Raupe eines Tages mit den Worten verabschiedet: »Irgendwie fühle ich mich heute anders als sonst. Ich spüre, dass mein Raupenleben sich ändert. Das geschieht bei uns Raupen irgendwann.«

Mithilfe einer alten, weisen Schnecke lernt die kleine Schnecke zu verstehen, dass ihre Freundin, die Raupe, zwar nicht mehr da ist, diese aber an einem anderen Ort, in anderer Gestalt weiterlebt.

Die Gruppenleitung geht auf Fragen und Gedanken der Kinder zur Geschichte ein und benennt daraufhin das Thema: Glaube ich daran, dass es ein Leben nach dem Tod gibt?

Die Jungen und Mädchen werden anschließend in Kleingruppen aufgeteilt.

Austausch in Sechsergruppen – 45 Minuten

In den Kleingruppen greift die Gruppenleitung das Thema wieder auf, indem sie darauf hinweist, dass niemand ganz genau weiß, was und ob etwas nach dem Tod geschieht, dass es aber Religionen und Ideen von Menschen gibt, was geschehen könnte.

In einer kurzen Runde können die Kinder der Reihe nach benennen, ob sie etwas glauben oder hoffen.

Die Trauerbegleiterin kann nun nach weiteren Bildern und Beispielen von Verwandlungen aus der Natur fragen, die wie kleine Wunder wirken. Beispiele könnten Mücken- oder Libellenlarven sein, die ohne Wasser absterben würden, aber nach dem Schlüpfen das Wasser als alleinigen Lebensraum nicht mehr benötigen, ähnlich wie die Kaulquappe, aus der ein Frosch wächst. Sonnenblumensamen oder auch der Löwenzahn, der sich in eine Pusteblume verwandelt und dann seinen Samen verstreut, bieten ebenfalls Verwandlungsbilder an.

Anschließend wird eine Tulpenzwiebel reihum gegeben und von jedem Kind befühlt. Danach werden einige Fragen benannt:

- Was glaubt ihr, was jemand denkt, der noch nie gesehen hat, dass eine Tulpe aus so einer Zwiebel wächst? Würde er das wohl glauben, wenn man es ihm sagen würde?
- Was glauben andere aus eurer Familie, aus eurem Freundeskreis?
- Hat der Mensch, der gestorben ist, mit euch darüber gesprochen?

Die Kinder erhalten je einen Übertopf und dürfen Gedankenbilder, die sie haben, daraufschreiben oder -malen. Das können auch einfach bunte Muster sein.

In der gesamten Gruppe – 20 Minuten

Gibt es etwas aus den Kleingruppen zu berichten?

In der Mitte stehen die kleinen Blumentöpfe mit den knospenden Tulpen. Die Kinder bekommen je einen Blumentopf geschenkt und dürfen ihn in ihren eigenen Übertopf stellen. In der großen Runde erklären sie ihr gemaltes Bild und benennen, wo sie den Topf aufstellen oder an wen sie ihn weitergeben möchten.

Abschlussritual – 10 Minuten

Der Gefühlswürfel geht mit der Frage um den Tisch: Mit welchem Gefühl gehe ich nach Hause? Was mache ich noch Gutes an diesem Wochenende?

Was ich dir erzählen will

Hintergrund

Am Jahresende bietet es sich an, das Trauergruppentreffen für die Reflexion zu nutzen. Was ist innerhalb des Jahres bzw. seit dem Zeitpunkt des Todes passiert? Was habe ich erlebt, gelernt, geschafft, verloren? Den Kindern werden bei diesem Gruppentreffen verschiedene Wege angeboten, den Verstorbenen ihre Gedanken mitzuteilen. Diese Möglichkeiten sollen jedoch immer ein Angebot, keine Forderung sein. Daneben steht das Thema im Raum, ob die Kinder auf ihre Art einen Kontakt zum Verstorbenen nutzen, suchen oder infrage stellen.

Material

- 1 Meter lange Geschenkbänder in verschiedenen Farben, auch goldene und silberne
- Luftballons mit einem Umfang von ca. 60 cm in der doppelten Anzahl der Teilnehmenden
- Heliumgasflasche

Ablauf

Einstiegsritual – 10 Minuten

Ein Gefühlswürfel geht mit den Fragen um den Tisch:

- Ist seit unserem letzten Treffen etwas geschehen, von dem ich hier kurz berichten möchte?
- Fiel mir in der letzten Zeit etwas schwer und ging mir etwas eher leichter von der Hand?
- Mit welchem Gefühl bin ich heute hier?

In der gesamten Gruppe – 30 Minuten

Die Gruppenleitung führt in das Thema ein, indem sie erzählt, dass zum Ende des Jahres viele Menschen überlegen: Wie war mein Jahr? Was war schön, neu, aufregend, was war schwierig? Die einen Leute überlegen das für sich alleine, andere erzählen davon in ihrer Familie, manche erzählen es dem verstorbenen Menschen am Grab.

Erste Stimmungen dazu werden von den Kindern geäußert, die Trauerbegleiterin kann sie durch ein oder zwei Beispiele zum Austausch animieren.

Die Idee ist nun, mithilfe eines Bandes, das an einen Ballon geknüpft wird, dem Verstorbenen einen Jahresrückblick »hinauf«-zuschicken. Dafür suchen sich die Kinder ein farbiges Band aus, das zu dem Verstorbenen passt oder dessen Farbe sie selbst mögen.

Anschließend werden Jungen und Mädchen in Kleingruppen aufgeteilt.

Austausch in Sechsergruppen – 45 Minuten

In einer Einzelarbeit innerhalb der Kleingruppe knüpfen die Jungen und Mädchen für jedes Ereignis, von dem sie dem verstorbenen Menschen erzählen möchten, einen Knoten in das Band. Die Gruppenleitung weist darauf hin, dass auch ein Dank, eine Entschuldigung oder ein Gruß hineingeknotet werden kann – alles, was die Kinder dem/der Verstorbenen gerne sagen möchten.

Diese Methode bietet sich deshalb an, weil die Kinder so nicht alles, was ihnen durch den Kopf geht, öffentlich preisgeben müssen. Zudem wissen ja alle, dass der Ballon nach einer Weile auf die Erde zurückkommt und somit die geschriebenen Notizen von fremden Leuten gelesen werden könnten.

Zu Beginn weist die Gruppenleitung darauf hin, dass man später vielleicht nicht über alles, außer über ein bis zwei Knoten erzählen kann, und regt einen Austausch über folgende Fragen an:

- Denkst du, dass unsere Gedanken, Erzählungen und Wünsche dort, wo wir die Verstorbenen vermuten, ankommen?
- Und wenn du das nicht glaubst, was könnte man dann anschließend mit deinem Band machen? Könnte man es mitnehmen,

dennoch am Ballon aufsteigen lassen oder einer Bezugsperson zeigen?

Nach dem Knüpfen, was ca. 10 bis 15 Minuten dauern wird, tauschen sich die Kinder im Kreis über ihr Band aus:

- Warum hast du diese Farbe für das Band ausgewählt?
- Sprecht ihr manchmal mit den Verstorbenen?
- Habt ihr manchmal das Gefühl, es kommt ab und zu eine Antwort zurück?
- Bekommen eurer Meinung nach die Verstorbenen alles von der Erde mit oder sind sie nur so da oder nah, wie es uns auch guttut?
- Was machst du mit deinem Band, wenn du es nicht am Ballon hochsteigen lassen möchtest?
- Was glaubt ihr: Wo sind eure Verstorbenen?

In der gesamten Gruppe – 20 Minuten

Gibt es etwas aus den Kleingruppen zu berichten?

Nach der Rückmelderunde werden die Ballons mit Helium gefüllt und an die Kinder verteilt.

Die Gruppe geht gemeinsam nach draußen und stellt sich an einem geeigneten Platz im Kreis auf. Die Trauerbegleiterin regt an, konzentriert noch einmal einen Gruß aus dem Kopf oder Herzen durch die Schulter, den Arm, die Hand in das Band hineinzuwünschen, bevor die Kinder ihre Ballons steigen lassen.

Zum Schluss darf sich jedes Kind einen Ballon mit Helium füllen lassen und mit nach Hause nehmen.

Abschlussritual – 10 Minuten

Der Gefühlswürfel geht mit der Frage um den Tisch: Mit welchem Gefühl gehe ich nach Hause? Was mache ich noch Gutes an diesem Wochenende?

Trauergruppen mit Jugendlichen

Elena, deren Mutter an Krebs verstorben war, plagen Schuldgefühle: »Hätte ich gewusst, dass Mama *wirklich* stirbt, ich hätte vieles anders gemacht«, sagt die 15-Jährige immer wieder. Auf meine Frage, was sie anders gemacht hätte, antwortet sie: »Ich hätte sie öfter im Krankenhaus besucht. Ich wäre einfach lieber gewesen, hätte nicht so patzige Antworten gegeben. Und, da ist noch was … meine Mama hatte eine Perücke und weil dadurch Mamas Kopfhaut immer gejuckt hat, hat sie sich am Kopf gekratzt. Dabei ist die Perücke verrutscht und der Pony saß schief. Das sah unmöglich aus und Mama hat es nicht bemerkt. Ich habe mich so geschämt. Ich habe ihr einfach keine Schultermine mehr mitgeteilt, weil ich nicht wollte, dass meine Mitschüler sie so sehen. Und jetzt … jetzt denke ich, was war ich für eine doofe Tochter!«

Kurze Zeit später lerne ich den 16-jährigen Paul kennen. Seine Mutter rief besorgt bei der Trauerbegleitung an. Sie hatte ihren Sohn angesprochen, weil er in der Küche so seltsam über die Fliesen lief. Er erklärte ihr, dass, wenn er nicht auf die Fugen träte, kein Unglück mehr in die Familie hineinkäme.

Die Begegnung mit diesen beiden Jugendlichen weckte in mir das Bewusstsein, wie schwer es sein muss, diese Gedanken in sich zu tragen und sie im Freundeskreis nicht frei äußern zu können. Die Pubertät ist eine Zeit des Umbruchs, die oft mit Selbstzweifeln und Unsicherheit einhergeht, die meisten Jungen und Mädchen möchten sich äußerlich nicht von der Masse unterscheiden. Trauer wird deshalb häufig als Makel empfunden. »Ich bin nicht so wie die anderen. Ich habe keinen Vater mehr oder eine Mutter mit Glatze. Ich möchte nicht, dass andere sehen, dass ich traurig bin, Angst habe.« In einer Gruppe mit anderen trauernden Jugendlichen erleben sie einen Raum, in dem sie nicht der Sonderfall sind, sondern einer unter Ihresgleichen. Das entlastet und stärkt – gerade in der ohnehin schon schweren Zeit der Pubertät.

Der Verlust eines Elternteils oder Geschwisterkindes kann ein Störfaktor in der Entwicklung Jugendlicher sein, auf den sie mit Rückzug aus dem sozialen Leben, Computerkonsum, Alkohol, Drogen oder mit Strategien reagieren, um das Elternhaus zu meiden. Aber auch das Gegenteil kann eintreten und sie stellen aus Rücksicht auf die Trauer der Eltern oder Geschwister ihre eigenen Bedürfnisse zurück.

Jugendliche beginnen in der Pubertät, sich vom Elternhaus abzunabeln. Ein Todesfall in der Familie stellt diese Loslösung häufig für eine Weile zurück. Ich erlebe oft, dass Jungen und Mädchen aus Familien, in denen sich alle bewusst mit ihrer Trauer auseinandersetzen, sagen, durch den Tod sei ihnen bewusster geworden, wie wichtig die Familie ist, die Familie sei näher zusammengerückt.

Mittlerweile besuchen über 100 Jugendliche und junge Erwachsene im Alter von 14 bis 20 Jahren unsere Trauergruppen über einen Zeitraum von einem bis zu vier Jahren. Der Anteil der Jungen beträgt 40 Prozent.

Sie kommen in die Gruppen, weil sie eine Trauerbegleiterin aus unserem Team in der Einzelbegleitung kennengelernt haben und dadurch schon in Beziehung zu einer Gruppenleitung stehen. Sie kommen durch Aufforderung ihrer Hausärzte, Hospize, Lehrer, Mitschüler oder Nachbarn. Viele erscheinen beim ersten Mal in Begleitung der Eltern, deren Unterstützung tatsächlich wichtig ist. Außerdem fragen nicht wenige Jugendliche über Facebook an, weil sie dort Blogs gelesen haben oder über ihre Freunde auf die Seite gekommen sind, auf der von der Trauerbegleitung berichtet wird.

Der Versuch, Jugendliche über Zeitungsannoncen zu erreichen, wird in den meisten Fällen nicht funktionieren. Sie brauchen ein Gegenüber, sie müssen in Beziehung treten, bevor sie es wagen, eine fremde Gruppe zu einem bisher unbekannten Thema aufzusuchen.

Als ich begann, mit Jugendlichen in Trauergruppen zu arbeiten, wuchs die Gruppe schnell und Themen gab es immer genug. Doch es dauerte jedes Mal lange, bis die Gruppe miteinander »warm« wurde. Eines Tages stellte ich in der Gruppenstunde eine Schüssel

Spagetti Bolognese auf den Tisch. Alle langten zu, ganz besonders die Jungen. Und schon beim Essen entstanden gute und tatsächlich unbeschwerte Gespräche über Alltagssituationen. Ich begriff, dass das Essen eine für sie sichere Aktion war – essen ist erst einmal leichter, als über Gefühle zu reden – und durch das Sättigungsgefühl, den Duft und die Gespräche Gemütlichkeit aufkam. Eine Atmosphäre, in der es sich leichter über schwere Themen reden ließ. Denn die Auseinandersetzung mit traurigen Dingen fällt jungen Menschen häufig schwer. Ein gemeinsames Essen zu Beginn der Gruppenstunde kann das erleichtern. Zudem ist es wichtig, die Inhalte der Gruppenstunden so zu gestalten, dass den schweren Themen immer wieder ein Ausgleich, der Anspannung eine Entspannung entgegengesetzt wird. Die Gesprächsinhalte dürfen nicht dem Zufall überlassen werden, sollen aber Raum für aktuelle Lebenssituationen bieten. Jugendliche brauchen eine direkte Ansprache auf Augenhöhe. Um in Gespräche zu kommen, benötigen sie deutliche Fragen, kein »Drumherum-Reden«. Elena und Paul hätten niemals von sich aus in einer Gruppe ihre Schuldgefühle oder das magische Denken angesprochen. Denn solche Themen gelten erst einmal als ungewohnt und peinlich. Die beiden und auch andere Jugendliche benötigen Unterstützer, die ihnen von anderen Jugendlichen in ähnlichen Situationen erzählen und somit anbieten, sich über das Thema auszutauschen, ohne sich zu outen, oder zu lernen, dass das, was mit ihnen in der Trauerzeit geschieht, vollkommen normal ist. Zumindest innerhalb ihrer Gruppe.

Von Zeit zu Zeit laden wir Vorbilder in die Gruppenstunden ein. Das kann der Oberbürgermeister sein, der über seine eigene Verlusterfahrung im Schulkindalter spricht, oder ein Fußballer, der sich mit den Jugendlichen austauscht, wie man mit Liebeskummer und Spielniederlagen umgeht. Einmal besuchte uns eine Ärztin aus einer Kinder- und Jugendtagesklinik. Es ging in dieser Gruppenstunde um psychosomatische Beschwerden und die Unterscheidung von Trauer und Trauma. Zum Schluss fragte die Ärztin in die Runde, welchen Gewinn die Jungen und Mädchen bisher aus dem Tod des Angehörigen gezogen hätten. Nach einer Weile irritierter Sprachlosigkeit sagte der Erste: »Ich bin mutiger geworden.«

Die Nächste ergänzte: »Unsere Familie ist mehr zusammengerückt.« Ja, es gab auch einige, die keinen Vorteil erkennen konnten. Abschließend sagte die Ärztin: »Wisst ihr, ihr alle habt schon dadurch einen Gewinn für euer Leben gemacht, indem ihr euch getraut habt, euch einer Krisensituation zu stellen und euch damit auseinanderzusetzen. Denn fragt euch doch mal selber: Warum sitzt ihr heute hier in diesem Kreis und nicht verzweifelt alleine im Zimmer oder mit Drogen zugedröhnt auf der Parkbank?«

Kennenlerntreffen

Hintergrund

Beim ersten Gruppentreffen werden viele Jungen und Mädchen dabei sein, die aufgeregt oder verängstigt sind, was mit ihnen nun geschehen wird. Entgegen jugendlicher Verhaltensweisen, eine coole Fassade nach außen zu zeigen, lassen sie sich in einer Trauergruppe auf unbekannte emotionale Inhalte und ebenfalls fremde Gruppenmitglieder ein.

Daher ist es wichtig, ihnen durch Ansprache und ansprechende Methoden Sicherheit zu geben, damit sie ins Tun kommen können und feststellen, dass es selbst bei einem schweren Thema Leichtigkeit geben kann.

Material

- Gefühlswürfel
- Gefühlsmonsterkarten (erhältlich unter www.gefuehlsmonster.eu)

Ablauf

Einstiegsritual – 10 Minuten

Ein Gefühlswürfel geht mit den Fragen reihum:

- Wie heiße ich?
- Wie alt bin ich?
- Aus welcher Stadt komme ich?
- Wer ist bei mir gestorben? (die Todesart muss nicht genannt werden)
- Wünsche ich mir etwas in dieser Trauergruppe?
- Bin ich freiwillig hier oder auf Wunsch eines Elternteils?

- Welches Symbol wähle ich beim Gefühlswürfel zu der Frage aus: Wie bin ich heute hier?

In der gesamten Gruppe – 30 Minuten

Bevor die erste Methode angewandt wird, ist es wichtig, die Umgangsformen in der Gruppe zu benennen und zu klären. Diese unterscheiden sich nicht grundsätzlich von denen in unserem alltäglichen Leben, deshalb kann man diese Infoeinheit kurz halten. Wichtig ist jedoch der Hinweis, dass niemand gedrängt wird, etwas zu sagen, dass die Gruppenleitung aber dennoch immer wieder versuchen wird, dass alle zum Sprechen kommen, weil man so etwas üben kann. Wer aber »Nein« sagt, dessen »Nein« wird auch gelten. Mit dem, was gesagt wird, gehen wir so um, wie wir auch möchten, dass die anderen uns behandeln.

Ich erlebe es immer wieder, dass Jugendliche, die bereit sind, sich mit ihrer Trauer auseinanderzusetzen, den anderen absolut fair begegnen und eine hohe Sozialkompetenz entwickeln. In den ganzen Jahren habe ich es unter den Hunderten von Kindern und Jugendlichen kein einziges Mal erlebt, dass Dinge öffentlich weitergetragen wurden, die verletzend waren.

In der Kreismitte liegen 25 Gefühlsmonsterkarten. Die Teilnehmenden erhalten den Hinweis, dass man diese Karten so deuten kann, wie man möchte. Es gibt kein Richtig oder Falsch. Es könnte sein, dass fünf Personen in einer Karte fünf verschiedene Dinge sehen.

Die Gruppenleitung fragt die Jugendlichen: In welchem der Gefühlsmonster findet ihr euch wieder, wenn ihr traurig seid?

Wer eine Karte gefunden hat, stellt sich in den Kreis und hält die Karte so, dass die anderen sie sehen können. Wer die gleiche Karte nutzen möchte, stellt sich daneben.

Ich halte es für sinnvoll, diese Runde im Stehen zu machen, da die Teilnehmenden gleich eine andere Haltung einnehmen und beim Erzählen mit beiden Füßen auf dem Boden geerdet sind.

Haben alle eine Karte gefunden, beginnt einer aus der Runde mit der Vorstellung. Er sagt z. B.: »Ich habe die Karte mit dem Monster unter der Bettdecke genommen, denn wenn ich traurig bin, ziehe ich mich in mein Zimmer zurück und will keinen sehen und hören. Wenn ich dann wieder aufstehe, lasse ich mir bei den anderen aus der Familie nichts anmerken.« Der Nächste nimmt die gleiche Karte und sagt: »Wenn ich traurig bin, dann muss ich für mich alleine sein, habe Bauchschmerzen und hoffe, dass nach einer Weile jemand kommt, mir einen Tee bringt und mit mir spricht. Alleine käme ich nicht aus dem Bett.«

Es ist interessant mitzuerleben, wie intensiv Jugendliche (und auch Erwachsene) bei dieser Methode den anderen zuhören, selbst wenn die Gruppe aus 15 Leuten besteht. In der Regel wird schon im Laufe dieser ersten Runde immer offener über das Thema gesprochen. Es gibt kaum eine Gruppe, in der sich jemand keine Karte aussucht. Wenn dies der Fall ist und als Grund dafür genannt wird, es liege kein passendes Bild in der Mitte, kann die Leitung fragen, ob er benennen kann, wie seine Karte aussehen müsste.

Diese Gefühlsmonster-Methode hat mindestens drei positive Effekte:

1. Sie macht es auch trauergruppenunerfahrenen Menschen leicht, sich selbst aus einer anderen Perspektive trauernd zu betrachten.
2. Sie lässt auf unbeschwerte und leichte Weise zu, Emotionen zu beschreiben, über die die meisten Menschen in der Öffentlichkeit nicht reden, die sie nicht preisgeben würden.
3. Jugendliche erfahren dadurch, dass jeder in der Runde Gefühle der Traurigkeit erlebt und den Verlust nicht so locker wegsteckt, wie es von außen betrachtet häufig wirkt.

Austausch in Kleingruppen – 40 Minuten

Die Kleingruppen erhalten Impulsfragen, die die Gruppenleitung einzeln benennt:

- Mögt ihr noch einmal hier in der kleineren Gruppe von euch erzählen, was ihr gerne macht? Was euer Hobby ist?
- Erzählt ihr noch einmal kurz in der Runde, ob ihr wusstet, dass Vater, Mutter, Bruder oder Schwester sterben wird, oder ob es plötzlich war?

- Habt ihr euch verabschieden können? Beim Kranken oder Toten?
- Wart ihr bei der Beerdigung mit dabei? Ist er/sie im Sarg oder in der Urne bestattet worden?
- Gibt es Erinnerungen an die Zeit, die komisch, schrecklich oder vielleicht auch gut waren?
- Habt ihr in eurer Schule, bei der Arbeit oder im Freundeskreis Menschen, mit denen ihr über den Verlust reden könnt?
- Habt ihr in der Gefühlsmonsterkartenrunde schnell »eure« Karte gefunden?
- Hätte eure Monsterkarte von heute auch bei der Beerdigung gepasst?
- War es euch bewusst, dass es so viele Arten an Traurigkeit gibt?
- Würden andere aus eurer Familie die gleiche Karte gewählt haben oder wären viele unterschiedliche Karten ausgesucht worden?
- Möchtet ihr bei einem anderen noch mal etwas nachfragen? Die Gruppenleitung achtet darauf, dass Fragen nicht übergriffig sind und ob die Gesprächsatmosphäre angenehm bleibt. Kein Befragter soll unter Druck geraten. Die Chance, etwas im geschützten und interessierten Raum erfahren oder mitteilen zu dürfen, sollte die Intention der Frage sein.

In der gesamten Gruppe – 20 Minuten

- Gibt es etwas aus den Kleingruppen zu berichten?
- Fiel es mir leicht oder schwer, über mich und meine Gefühle in der Runde zu reden?
- Trauergruppe, das hört sich nicht so lustig an. Welche Vorstellung hattet ihr von so einem Treffen?
- Habt ihr noch eine Frage?

Danach gibt die Gruppenleitung einen kurzen Überblick über die kommende Zeit.

Abschlussritual – 15 Minuten

Der Gefühlswürfel geht mit der Frage um den Tisch: Mit welchem Gefühl gehe ich nach Hause? Was mache ich noch Gutes an diesem Wochenende?

Erzähl mir von dem Menschen, den du vermisst

Hintergrund

Jugendliche dürfen erfahren, dass in einer Trauergruppe sie selbst und der Mensch, den sie vermissen, im Vordergrund stehen und nicht als Erstes das Drama der Krankheit oder des Todes. Sie sollen erfahren, dass es sich im Kreise ähnlich Betroffener leichter über Trauer und damit verbundene Gedanken reden lässt.

Material

150 Kärtchen mit Eigenschaften (Kopiervorlage »Eigenschaften«)

Ablauf

Einstiegsritual – 10 Minuten

Ein Gefühlswürfel geht mit den Fragen um den Tisch:

- Zur Erinnerung: Wie heiße ich?
- Ist seit unserem letzten Treffen etwas geschehen, von dem ich hier kurz berichten möchte?
- Fiel mir in der letzten Zeit etwas schwer und ging mir etwas eher leichter von der Hand?
- Mit welchem Gefühl bin ich heute hier?

In der gesamten Gruppe – 20 Minuten

Die Kärtchen mit den Adjektiven liegen verteilt auf dem Boden.

Die Jugendlichen werden gebeten, fünf bis acht Karten auszuwählen, die die verstorbene Person beschreiben. Die Karten werden von allen gleichzeitig gewählt, wenn es Überschneidungen gibt, kann das später in der Runde ergänzt werden. Haben alle ihre Auswahl getroffen, beschreiben die Jugendlichen in der Runde den verstorbenen Menschen anhand der ausgewählten Begriffe.

Danach behält jeder die Karten bei sich, von denen er sagen kann: »So bin ich auch. Das habe ich vererbt bekommen oder mir abgeschaut.« Die restlichen Karten werden zurückgelegt und dafür eine weitere, positiv besetzte Karte für sich selbst ausgesucht. Das ist wichtig, weil es sein kann, dass in der ersten Auswahl kein positiver Begriff dabei ist und wir grundsätzlich mit der Trauerarbeit immer das eigene Ich stärken möchten.

In einer zweiten Runde beschreiben sich alle mit den ausgewählten Karten selbst.

Diese Methode ist sehr interessant, weil sie es den Jugendlichen ermöglicht, unter »Ihresgleichen« über den verstorbenen Menschen zu reden und ihn zu erinnern. Gleichzeitig fällt es mithilfe der Karten leichter als in einer reinen Gesprächsrunde ohne Hilfsmittel, sich persönlich vorzustellen. Die Aufforderung, dass mindestens ein positives Adjektiv dabei sein muss, bringt oft Heiterkeit in die Gruppe, weil dabei fast jeder über seinen Schatten springt.

Austausch in Sechsergruppen – 45 Minuten

In den Kleingruppen tauschen sich die Jugendlichen über folgende Fragen aus:

- Ist mir die Auswahl der Karten für den Verstorbenen schwergefallen?
- Macht es mich traurig, wenn ich ihn beschreibe?
- Waren meine Beschreibungen alle positiv besetzt? Wenn ja: Gab es nichts Negatives oder mag ich darüber nicht reden?
- Wenn ich auch negative Eigenschaften benannt habe: Ist das jetzt im Nachhinein o.k. für mich?
- Was meint ihr zu dem Satz: »Über Tote spricht man nicht schlecht«?
- Gibt es Dinge, die ich schon vergessen habe?
- Vermisse ich manche dieser Eigenschaften in meiner Familie?
- Erzähle ich gerne von dem verstorbenen Menschen?

- Gibt es jemand anderen, der mir das, was mir außer der Persönlichkeit des geliebten Menschen fehlt, auch geben kann?

In der gesamten Gruppe – 30 Minuten

Gibt es etwas aus den Kleingruppen zu berichten?

Austausch über die Frage: Fiel es mir leicht oder schwer, über den verstorbenen Menschen bzw. über mich zu reden?

Abschließend können die Jugendlichen mit ihrem Handy Fotos von ihren ausgewählten Karten machen, für sich selbst zur Erinnerung oder um sie dem Freund, der Freundin oder Familienangehörigen zu zeigen.

Abschlussritual – 10 Minuten

Der Gefühlswürfel geht mit der Frage um den Tisch: Mit welchem Gefühl gehe ich nach Hause? Was mache ich noch Gutes an diesem Wochenende?

Kann ich das begreifen?

Hintergrund

Worden benennt die Wichtigkeit, den Verlust zu begreifen. Das bedeutet, nur das, was ich als Verlust verstehe, kann ich betrauern. Einen kranken oder toten Menschen gesehen und berührt zu haben, bedeutet noch lange nicht, das Ausmaß des Verlustes begriffen zu haben. Tag für Tag, Monat für Monat, erst nach und nach wird mir durch positive Lebensereignisse oder Krisen das Fehlen an meiner Seite und im Alltag bewusst.

Material

- 16 ähnlich aussehende Zitronen, je 4 davon bemalt (mit einem Eddingstift) mit einem Stern, Kreis, Herz und Dreieck
- Zitronenpresse
- 3 Augenmasken
- Wasserkocher
- Honig und Süßstoff
- Papier und Stifte

Ablauf

Einstiegsritual – 10 Minuten

Ein Gefühlswürfel geht mit den Fragen um den Tisch:

- Ist seit unserem letzten Treffen etwas geschehen, von dem ich hier kurz berichten möchte?
- Fiel mir in der letzten Zeit etwas schwer und ging mir etwas eher leichter von der Hand?
- Mit welchem Gefühl bin ich heute hier?

In der gesamten Gruppe – 35 Minuten

Zu Beginn spricht die Gruppe darüber, wie wichtig es ist, um den anstehenden und/oder akuten Verlust zu wissen, um dann zu begreifen, um wen und was man trauert. Eine typische erste Reaktion in einer Krise ist: »Das glaube ich nicht! Das kann nicht sein! Das kann/will ich nicht begreifen!«

Fragen an die Gruppe: Könnt ihr euch an den Moment der Mitteilung und den Moment danach erinnern, als ihr begriffen habt, was Sterben oder Tod bedeutet? Wo wart ihr da? War es ein guter Ort? Wer oder was (Übermittler, Ort, Situation) war nicht so gut für euch, wer oder was war passend, sogar gut?

Nach dem Austausch über die Fragen weist die Gruppenleitung auf die Zitronen hin: Könnt ihr euch vorstellen, die Zitrone, die ich jetzt hochhalte, aus der Menge der Zitronen wieder herauszufinden?

Übung in Vierergruppen – 40 Minuten

Die Kleingruppen erhalten je vier unterschiedlich markierte Zitronen und eine Augenbinde. Nun werden einer Person aus der Runde die Augen verbunden. Eine Zitrone wird ihr zum Befühlen und »Begreifen« in die Hand und anschließend wieder zurück zu den anderen drei Zitronen gelegt. Die Augenbinde wird abgenommen und der oder die Jugendliche soll die »richtige« Zitrone zuerst durch Sehen, dann mithilfe des Betastens wiedererkennen.

Durch diese Übung soll deutlich werden, dass es für veränderte Lebensumstände wie den Tod wichtig ist, mit allen Sinnen und aus verschiedenen Perspektiven im wahrsten Sinne des Wortes zu begreifen.

Nachdem alle an der Reihe waren, gibt die Gruppenleitung folgende Fragen als Gesprächsimpulse in die Runde:

- Was habe ich erst in der letzten Krankheitsphase bzw. beim Tod begreifen müssen, weil Worte für die Beschreibung des Verlustes, für das Gefühl nicht ausgereicht haben? Habe ich den kranken oder toten Menschen besuchen können?
- Habe ich Erklärungen für Krankheit, Tod und Beerdigung erhalten?
- Habe ich Hilfe in dieser Zeit bekommen oder abgelehnt?

- »Wer tot ist, ist für immer fort.« Diesen Satz bejahen wir und gleichzeitig verstehen wir seine Bedeutung erst nach und nach im Alltag: Wodurch musste ich immer wieder neu be-»greifen«, dass der Verstorbene nicht mehr da ist? Etwa dadurch, dass ein Platz am Tisch unbesetzt ist, dass ein Mitstreiter fehlt, dass die Jacke im Flur nicht mehr angezogen wird, dass Weihnachten ein Geschenk weniger eingekauft werden muss …

Mit und nach diesen Beispielen findet ein Austausch darüber statt, dass alles, was man neu begreift, meist wieder neu betrauert werden muss.

In der gesamten Gruppe – 25 Minuten

Gibt es etwas aus den Kleingruppen zu berichten? Habt ihr ein besonderes Beispiel mitgebracht, was das Begreifen*müssen* sehr deutlich macht? Habt ihr alle »eure« Zitrone wiedererkannt?

Anschließend wird aus dem »Übungsmaterial« eine heiße Zitrone zum Trinken hergestellt. Dabei wird die These und die darauf folgende Frage benannt: »Sauer macht lustig. Wer traurig sein kann, kann dennoch, vielleicht deshalb, oft auch herzlich lachen. Was bringt euch in diesen Zeiten zum Lachen?«

Abschlussritual – 10 Minuten

Der Gefühlswürfel geht mit der Frage um den Tisch: Mit welchem Gefühl gehe ich nach Hause? Was mache ich noch Gutes an diesem Wochenende?

Wie gehe ich mit Gefühlen um?

Hintergrund

Die Jugendlichen lernen, über eigene Gefühle zu sprechen und sich im Austausch mit anderen wiederzuerkennen oder neue Perspektiven zu gewinnen.

Material

Gefühlswürfel und Gefühlsmonsterkarten
(erhältlich bei www.gefuehlsmonster.eu)

Ablauf

Einstiegsritual – 10 Minuten

Der Gefühlswürfel geht mit den Fragen um den Tisch:

- Wie geht es mir seit dem letzten Gruppentreff?
- Wie bin ich heute hier?

In der gesamten Gruppe – 20 Minuten

Die Gefühlsmonsterkarten liegen verteilt auf dem Boden. Sie sind der Gruppe aus dem ersten Treffen vielleicht schon bekannt.

Zur Frage »In welchem der Monster finde ich mich heute wieder, wenn ich traurig bin?« suchen sich die Jugendlichen eine Karte aus. Die Karten werden von allen Teilnehmenden gleichzeitig gewählt. Haben alle eine Karte gefunden, benennt jede/r kurz in der Runde, warum diese Karte ausgewählt wurde.

Danach wählt jede/r eine Karte für eine/n lebenden Freund/Freundin, Vater, Mutter oder ein Geschwister, wenn diese traurig sind, und erzählt auch dazu, warum diese Karte gewählt wurde.

Austausch in Vierergruppen – 45 Minuten

Die Jugendlichen tauschen sich in Kleingruppen über folgende Fragen aus:

- Wodurch erkennen andere an mir, dass ich traurig bin?
- Möchte ich traurig »gesehen« werden?
- Gab es Zeiten, in denen ich nichts gefühlt habe?
- Erkenne ich bei den Trauernden aus meinem privaten Umfeld deren Gefühle?
- Reden wir darüber … oder was tun wir? Was tun wir nicht?
- Werde ich gerne getröstet … und wenn ja, wie?
- Wenn ich nicht gerne von anderen getröstet werden möchte, wie tröste ich mich selbst?
- Hat sich seit dem Tod bis heute in diesem Moment meine Traurigkeit verändert? Mehr, weniger, schwankend oder …?
- Habe ich schon einmal einem anderen gesagt, dass er mir in der traurigen Zeit gutgetan hat? Oder habe ich mich bei anderen entschuldigt, weil ich in meiner Trauer vielleicht manchmal unausstehlich bin?

In der gesamten Gruppe – 30 Minuten

- Gibt es etwas aus den Kleingruppen zu berichten?
- Finde ich mein Trauern o.k.?
- Was hilft mir bei Traurigkeit?
- Wer oder was tut mir gut in dieser schwierigen Zeit?

Abschließend können die Jugendlichen mit ihrem Handy Fotos von ihren ausgewählten Karten machen, für sich selbst und um sie dem zuvor ausgewählten Freund, der Freundin oder einem Familienangehörigen zu zeigen.

Abschlussritual – 10 Minuten

Der Gefühlswürfel geht mit der Frage um den Tisch: Wie gehe ich nach Hause? Was mache ich noch Gutes an diesem Wochenende?

Up & down

Hintergrund

Worden benennt, dass es nach einem Verlust wichtig ist, sich direkt oder nach und nach der veränderten Welt ohne den Verstorbenen anzupassen. Das kann für Jugendliche bedeuten: dass sich das soziale Umfeld wie Familie und Freundeskreis verändern, ebenfalls Schule, Studium oder Lehre beeinflusst werden; dass sich ihre Selbstwahrnehmung verändert; dass der Tod die eigenen Glaubensvorstellungen und Grundwerte beeinflusst.

Material

- Arbeitsblätter in der Anzahl der Teilnehmenden (Kopiervorlage »Up & down«)
- 1,50 Meter lange Wollfäden in der Anzahl der Teilnehmenden
- als Geschenk: kleine Kaleidoskope für alle Teilnehmenden

Ablauf

Einstiegsritual – 10 Minuten

Ein Gefühlswürfel geht mit den Fragen um den Tisch:

- Ist seit unserem letzten Treffen etwas geschehen, von dem ich hier kurz berichten möchte?
- Fiel mir in der letzten Zeit etwas schwer und ging mir etwas eher leichter von der Hand?
- Mit welchem Gefühl bin ich heute hier?

In der gesamten Gruppe – 20 Minuten

Ganz gleich, ob es um den Schulabschluss, den Beruf oder um Freundschaften oder Beziehungen geht: Meist machen sich Menschen einen Plan und denken dann »geradeaus«. Die Realität ist jedoch häufig anders, unser Leben läuft selten nach Plan. In diesen Momenten kommt es darauf an, mit der veränderten Situation umzugehen. Sie zu überdenken, den Verlust zu betrauern und sich dann nach einer Weile weiter oder neu auf den Weg zu machen. Ja, wir dürfen weiterhin Pläne schmieden und Ziele haben, denn diese veränderten Ziel-Ideen geben uns immer wieder die Motivation, das neue Leben zu wagen.

Die Gruppenleitung stellt die Frage: Welchen Plan hatte ich ursprünglich von meinem Leben und kam darin schon der Tod vor?

Danach werden die Arbeitsblätter »Up & down« verteilt.

Die Jugendlichen tauschen sich aus zu der Frage: Erinnere ich mich an einen kleinen oder großen Plan, den ich »glatt« geschmiedet habe?

Austausch in Vierergruppen – 60 Minuten

Die Jugendlichen erhalten zur Skizze einen dicken Wollfaden, den sie vor sich auf dem Boden platzieren. Durch folgende Fragen animiert, sollen sie versuchen, einige persönliche Lebensabschnitte nachzulegen.

- Möchtest du den Faden von dem Moment des Todes an oder schon in der Zeit vorher legen?
- Soll der Faden erst einmal bis heute oder schon in die Zukunft hinein reichen?

Wenn die Jugendlichen ihre »Lebenslinie« gelegt haben, berichten sie darüber. Wenn es sich anbietet, kann die Gruppenleitung das Gesagte aufgreifen und die anderen nach ihren Erfahrungen fragen.

Zum Beispiel so: Lara legt einen Faden in die Tiefe und lässt ihn danach wieder höhergehen. Danach geht er noch einmal runter, deutlich tiefer als zuvor. Sie sagt: »Als Papa starb, dachte ich, das sei das Schwerste, was ich in meinem Leben ertragen muss. Danach ging es mir überraschenderweise besser, bis nach einigen Wochen die Trauer, das Unbehagen und die Angst so groß wurden, dass ich für mehrere Wochen nicht mehr zur Schule ging. Niemals hätte ich es für möglich gehalten, dass sich etwas schlimmer als der akute Verlust anfühlen könnte.«

Weitere Fragen an die Gruppe: Wenn ich meinen tatsächlichen Lebenslauf aus der Distanz reflektiere:

- Bin ich durch die Tiefen und Höhen stärker, schwächer, empfindsamer, selbstbewusster ... geworden?
- Sind alle Freunde mit mir durch diese Zeiten mitgegangen?
- Haben sich meine Werte oder mein Glaube verändert?«
- Was hat mir aus den »Tiefs« herausgeholfen?
- Verbringe ich ab und zu gerne Zeit im »Tief«?
- Ist mir bewusst, dass ich schon häufig wieder »aufgestanden«, »herausgekrabbelt« bin?

In der gesamten Gruppe – 15 Minuten

Gibt es etwas aus den Kleingruppen zu berichten?

Gibt es einen euch wichtigen Gedanken, den ihr hier an die anderen weitergeben möchtet?

Anschließend bekommen die Jugendlichen ein einfaches Kaleidoskop mit dem Hinweis geschenkt: Wenn du hineinschaust und ein wunderschönes Muster siehst, dann möchtest du es vielleicht so festhalten und anderen zeigen ... und dann stolperst du und das ganze Bild verrutscht. Es wird nicht mehr so sein wie vorher und auch der Versuch, es wieder neu besonders schön hinzubekommen, wird nicht unbedingt gleich gelingen. Aber mit der Zeit werden wieder interessante Muster kommen ... und gehen ... und kommen.

Abschlussritual – 10 Minuten

Der Gefühlswürfel geht mit der Frage um den Tisch: Wie gehe ich nach Hause? Was mache ich noch Gutes an diesem Wochenende?

Novemberstimmung

Hintergrund

In der dunklen und kalten Jahreszeit fühlen sich viele Menschen antriebsloser und depressiv gestimmter als an sonnigeren Tagen. Die Feiertage Allerheiligen, Allerseelen und Totensonntag fallen ebenfalls in diese Zeit und berühren auch die Menschen, die zu anderen Zeiten zu kirchlichen Feiertagen keinen Bezug haben. Außerdem steht die Weihnachtszeit vor der Tür: Festtage, die viele Trauernde fürchten. Jugendliche sind es in der Regel nicht gewohnt, sich über trübe Gedanken, Ängste und Träume mit anderen jungen Leuten auszutauschen. Sie meinen zu wissen, dass es eigentlich keine Geister gibt, und dennoch fürchten manche diese seit dem Todesfall. Trauer löst oft schwere Träume, Einschlaf- oder Durchschlafprobleme, Ängste und Sorgen aus.

Es ist wichtig, dass man jungen Menschen erklärt, dass Verluste eine vorübergehende depressive Stimmung auslösen können. Dies ist eine nicht ungewöhnliche Reaktion auf einen Verlust – bei dem einen stärker, bei der anderen schwächer –, die durch die Auseinandersetzung mit der Trauer auch wieder »fortgehen« wird.

Bei diesem Gruppentreffen haben die Jugendlichen beim Basteln eines Traumfängers die Möglichkeit, über unterschiedliche Stimmungen und gruselige Gedanken zu sprechen.

Material

- ein Traumfänger für die Tischmitte
- Material zum Basteln eigener Traumfänger: Draht- oder Holzringe in der Anzahl der Teilnehmenden, Bänder und Federn

Ablauf

Einstiegsritual – 10 Minuten

Ein Gefühlswürfel geht mit den Fragen um den Tisch:

- Ist seit unserem letzten Treffen etwas geschehen, von dem ich hier kurz berichten möchte?
- Fiel mir in der letzten Zeit etwas schwer und ging mir etwas eher leichter von der Hand?
- Mit welchem Gefühl bin ich heute hier?

In der gesamten Gruppe – 20 Minuten

In der Tischmitte liegt ein Traumfänger. Die Leitung führt in das Thema der Gruppenstunde ein: der Umgang mit Träumen, Ängsten und gruseligen Gedanken. Da viele Jugendliche tagsüber durch Schule und Hobbys abgelenkt sind, »erwischt« sie die Trauer oft in den ruhigen Abend- und Nachtstunden. Oft gesellen sich zur Traurigkeit noch beunruhigende Gedanken. Zu jeder Zeit haben sich Menschen Trost- und Hilfsgegenstände überlegt, die ihnen in schwierigen Zeiten gute Dienste leisten können. Kleine Kinder beruhigt eine Spieluhr, größere ein Stofftier oder eine Nachtlampe und die Indianer erfanden den Traumfänger. Diesem schreibt man zu, dass er in seinem Netz schlechte Träume festhalten und die guten Träume über die herunterhängenden Federn sanft auf den Schlafenden heruntersegeln lassen kann.

Es folgt ein Austausch über Träume, Ängste und bedrückende Gedanken.

Alle nehmen sich das Material zum Basteln eines eigenen Traumfängers und gehen in die Kleingruppen.

Austausch in Vierergruppen – 45 Minuten

Während die Jugendlichen ihren eigenen Traumfänger herstellen, animiert die Gruppenleitung mit Fragen zu einer Auseinandersetzung mit dem »November-Thema«:

- Viele kennen den Begriff »Wetterfühligkeit« von älteren Leuten. Könnt ihr mit dem Wort etwas anfangen?
- Habe ich Träume? Gute, traurige oder gruselige?

- Werde ich nachts davon wach? Wenn ja, was mache ich dann, was hilft mir, wieder einzuschlafen?
- Kann ich mich morgens noch an meine Träume erinnern?
- Bei einigen von euch ist jemand innerhalb des Hauses gestorben. Habt ihr das Gefühl, er, sie ist noch da?
- Spricht in eurem Umfeld jemand über Geister? Kennst du selbst den Gedanken daran?
- Kennen die anderen diese Gedanken auch, deren Angehörige woanders gestorben sind?
- Was könnte hilfreich sein, wenn mir »angst und bange« ist?
- Mit wem kann ich über trübe oder »komische« Gedanken reden?
- Gibt es überhaupt »komische« Gedanken oder ist im Trauerfall, in einer Krisensituation eigentlich alles »normal«?

In der gesamten Gruppe – 30 Minuten

Gibt es etwas aus den Kleingruppen zu berichten?

In der gesamten Gruppe werden nun Dinge zusammengetragen, die in traurigen, schweren und unheimlichen Zeiten guttun können, z. B.:

- Bewegung zum Stressabbau
- Atemübungen zum Entspannen
- Kräutertees
- die Räume lüften, um sie von »unheimlichen« Gefühlen, Gedanken zu befreien
- mit einem Nachtlicht schlafen
- sich ein Kuscheltier oder Kuschelkissen organisieren (Was früher in der Kindheit half, wird auch heute noch seine Wirkung haben.)
- wohltuende Kräuter in ein Duftsäckchen gefüllt unter das Kissen legen
- das Radio im Haus laufen lassen, damit man nicht in die große Stille nach Hause kommt
- Ängste aufschreiben und beim nächsten Mal mitbringen

- Freunde treffen oder sich einen Spaziergang alleine gönnen, einen wohlriechenden Duft benutzen, Erinnerungen in ein schönes Heft hineinschreiben, kleben und malen …

Diese Strategien können gemeinsam auf ein Plakat geschrieben und anschließend von den Jugendlichen abfotografiert werden, sozusagen als »Erste Hilfe to go«.

Abschlussritual – 10 Minuten

Der Gefühlswürfel geht mit der Frage um den Tisch: Wie gehe ich nach Hause? Was mache ich noch Gutes an diesem Wochenende?

Frage oder Antwort?

Hintergrund

Trauer braucht Ausdruck, Trauer braucht Sprache! Wer sich sprachlich gut ausdrücken kann, ist in der Lage, Gefühle zu benennen, Fragen zu stellen, Briefe, Gedichte und Liedtexte zu schreiben und Wünsche zu formulieren. Menschen mit einem geringen Wortschatz, einer Sprachstörung, Wortkargheit oder fehlender Sprachkenntnis haben es oft schwerer, da sie mehr mit sich selbst ausmachen müssen oder sich unverstanden fühlen und dementsprechend verletzt reagieren können.

Zudem werden in dieser Gruppenstunde Fragen aufgegriffen, die normalerweise nicht gestellt werden, weil sie als zu persönlich und daher als übergriffig oder ein Tabu berührend eingeschätzt werden. Dennoch gibt es diese Fragen in der Gesellschaft oder auch in den eigenen Köpfen, oft wird darüber nachgedacht oder man spricht hinter vorgehaltener Hand darüber. Ich nenne diese Fragen »No-go-Fragen«. Es kann befreiend sein, wenn diese Fragen und Gedanken einen Raum bekommen.

Material

- eine leere Flasche zum Flaschendrehen
- »Go«-Fragekarten, gekennzeichnet durch Fragezeichen auf der Rückseite; »No-go«-Fragekarten, gekennzeichnet durch ein durchgestrichenes Fragezeichen auf der Rückseite (Vorschläge für Fragen siehe unten)
- Sitzkissen für alle Teilnehmenden

Ablauf

Einstiegsritual – 10 Minuten

Ein Gefühlswürfel geht mit der Frage um den Tisch:

- Ist seit unserem letzten Treffen etwas geschehen, von dem ich hier kurz berichten möchte?
- Fiel mir in der letzten Zeit etwas schwer und ging mir etwas eher leichter von der Hand?
- Mit welchem Gefühl bin ich heute hier?

In der gesamten Gruppe – 50 Minuten

Die Gruppe sitzt im Kreis auf Kissen auf dem Boden. In der Mitte liegt die Flasche, neben der Gruppenleitung liegt ein Stapel mit gemischten »Go«- und »No-go«-Fragen. Die Gruppenleitung erklärt die Spielregel: Eine Person dreht die Flasche. Die Person, auf die der Flaschenhals zeigt, darf wählen:

1. Ich nehme eine Fragekarte von einem der Stapel, lese sie vor und gebe darauf eine Antwort. Die Antwort darf auch lauten: »Das weiß ich nicht.«
2. Ich stelle an die gesamte Gruppe oder einen Einzelnen eine Frage, die ich mir selbst überlegt habe.

Wenn die Frage beantwortet ist oder diskutiert wurde, bestimmt der Flaschendreher, wer als Nächstes die Flasche dreht.

Wie bei allen Trauergruppenangeboten wissen die Jugendlichen darum, dass sie eine Frage jederzeit ablehnen dürfen. Wichtig ist, deutlich zu machen, dass es genauso mutig ist, eine Frage abzulehnen wie eine Frage zu beantworten. Gezwungenermaßen etwas mitzumachen, hat nichts mit Mut und Lust zu tun.

No-go-Fragen:

- Kennst du den Gedanken, dass du eher einem anderen aus deinem Umfeld den Tod gewünscht hättest als dem, der gestorben ist?
- Warst du irgendwie froh, als der Tod eintrat?
- Sieben von zehn Leuten wünschen sich nach dem Tod eines Menschen, sie würden auch nicht mehr leben. Kennst du diesen Gedanken?

- Nerven dich deine trauernden Familienangehörigen?
- Ist es manchmal angenehm, als Trauernder im Mittelpunkt zu stehen?
- Gibt es Dinge, über die du nicht nachdenken willst?
- Hast du persönlich einen Gewinn durch den Verlust erlebt?
- Ist Alkohol oder Kiffen eine hilfreiche Sache in der Trauer?
- Gibt es etwas, was man dich nicht fragen dürfte?

Go-Fragen:

- Kannst du drei Dinge nennen, die dich in traurigen Zeiten trösten?
- Kennst du das Gefühllos-Gefühl?
- Was glaubst du, wie lange du wegen des Todes traurig sein wirst?
- Wann hast du das erste Mal wieder gelacht?
- Merken es dir deine Schul-, Uni- oder Arbeitskollegen an, dass du trauerst?
- Ist es dir unangenehm, in der Öffentlichkeit zu weinen?
- Vermisst du etwas innerhalb deiner Familie?
- Hast du dich seit dem Tod verändert? Bist du stärker, schwächer, ängstlicher, besser ...?
- Hast du den Menschen, der gestorben ist, danach noch einmal gesehen, gespürt?
- Gibt es ehemalige Freunde, mit denen du seit dem Tod nichts mehr zu tun hast?
- Gibt es Freunde, die erst nach dem Tod dazugekommen sind?
- Hast du ein Vorbild für den Umgang mit der Trauer?
- Wenn du einem anderen Jugendlichen, der gerade frisch die Trauer erlebt, einen Rat geben dürftest: Was würdest du sagen?

Gespräch in Kleingruppen – 30 Minuten

- Mit wem sprichst du außerhalb der Trauergruppe über deinen Verlust?
- Fallen dir noch weitere Fragen ein, die du hier aufschreiben kannst?
- Wem würdest du noch gerne Fragen stellen?

In der gesamten Gruppe – 20 Minuten

Gibt es etwas aus den Kleingruppen zu berichten?

Die zusätzlich gesammelten Fragen werden in der gesamten Gruppe vorgestellt.

Abschlussritual – 10 Minuten

Der Gefühlswürfel geht mit der Frage um den Tisch: Mit welchem Gefühl gehe ich nach Hause? Was mache ich noch Gutes an diesem Wochenende?

Erinnerungsorte

Hintergrund

Jugendliche sind oft auf der Suche nach dem neuen Ort des Verstorbenen. Die einen sehen den toten Menschen im Himmel oder fühlen ihn in ihrem Herzen, für die anderen ist das eine unglaubliche Vorstellung, ihnen ist die Aussage »Aus und vorbei« viel näher, auch wenn sie sich dadurch manchmal verlassen fühlen. Jemand hat das ganze Zimmer voller Erinnerungsfotos, der Nächste fühlt sich dadurch belastet und kontrolliert. Wenn der Trauernde dem Verstorbenen einen für beide Seiten guten Ort gibt, kann das Weiterleben mit oder ohne den verstorbenen Menschen wieder in Fluss kommen.

Material

- Verschiedene Bilder (Mehrfachabzüge für die Kleingruppen) von Erinnerungsorten: Grab, Straßen-Unfallkreuz, Kerze auf einem Gedenktisch, Wolken am Himmel, »Bruderherz«-Tattoo, (menschliches) Herz, Strand, Berggipfel, Wohnhaus usw.
- Lied »In mir« der Gruppe »Glashaus« und Abspielgerät
- Kopien mit dem Liedtext in der Anzahl der Teilnehmenden (der Liedtext ist im Internet zu finden)
- Arbeitsblätter in der Anzahl der Teilnehmenden (Kopiervorlage »Landkarte« und »Mensch«)

Ablauf

Einstiegsritual – 10 Minuten

Ein Gefühlswürfel geht mit den Fragen um den Tisch:

- Ist seit unserem letzten Treffen etwas geschehen, von dem ich hier kurz berichten möchte?
- Fiel mir in der letzten Zeit etwas schwer und ging mir etwas eher leichter von der Hand?
- Mit welchem Gefühl bin ich heute hier?

In der gesamten Gruppe – 20 Minuten

Die Kopien mit dem Liedtext verteilen und das Lied »In mir« einspielen.

Die Erklärung, dass es von Vorteil sein kann, wenn wir den Verstorbenen einen guten Ort geben, der ihnen gerecht wird und sich für uns gut anfühlt, soll verdeutlichen, dass Menschen kommen und gehen (auch tote Menschen) und wir nicht alle an unserer Seite, in unserem Rucksack immer intensiv mitnehmen können.

Die Frage »Sehe ich das Gesicht noch vor mir oder kann ich die Stimme noch hören?« in der Gesamtgruppe ist wichtig, weil viele Trauernde Bilder und Stimmen »verlieren«. Die Jugendlichen sollen im Austausch erfahren, dass das bei vielen ähnlich ist und nichts damit zu tun hat, dass man den Verstorbenen auf Dauer komplett vergessen könnte.

Austausch in Vierergruppen – 45 Minuten

Die Jugendlichen sitzen um die auf dem Boden ausgelegten Fotos und können durch folgende Fragen zum Nachdenken und Sprechen animiert werden:

- Finde ich unter den Fotos einen Ort, an dem ich meinen Verstorbenen vermute oder sogar »weiß«?
- Gibt es einen Ort, wo ich ihn hinwünschte, wenn er schon nicht zu uns zurückkann?
- Habe ich »in mir«, wie in dem Lied beschrieben, so einen Raum?
- Darf ich dem Toten wünschen, dass er dort ist, »wo der Pfeffer wächst«, und niemals mehr gesehen wird? Welche Orte gebe ich mir unangenehmen Menschen? Ist es mir hilfreich?
- Es gibt Gräber, auf die man früher schwere Steinplatten gelegt hat, damit der Tote niemals wieder aus dem Grab zurückkehren kann. Könnte die Verbrennung da eine weitere gute Methode sein?

- Kann der Verstorbene an verschiedenen Orten gleichzeitig sein?
- Können solche Orte sich verändern?
- Es gibt Menschen, die fühlen sich auch durch einen toten Menschen kontrolliert, denken vielleicht, im Himmel könnte er alles sehen. Kannst du den Gedanken nachvollziehen?
- Zu Asche oder Erde werden, ohne ein Weiterleben nach dem Tod, ist auch ein mögliches Bild von vielen. Wird damit der Beerdigungsplatz zu einem »Ort«?
- »Einfach weg«: Lässt oder ließe es sich mit diesem Gedanken für dich gut leben?
- Gibt es Orte, bei denen es sich gut anfühlt, den verstorbenen Menschen dort zu wissen oder zu spüren?
- Gibt es Orte, die du als unangenehm empfindest?
- Mit einem Erinnerungstattoo gebe ich einem verstorbenen Menschen auch einen Platz, auf mir. Was kann man tun, wenn jemand spürt, die Tätowierung wird zu schwer oder belastet?
- Kann man mehreren Menschen als Tattoo auf sich einen Platz geben, ohne dass Konkurrenz entsteht?
- Ein Mann sagte kurz vor dem Sterben zu seiner Frau, dass er möchte, dass er auch nach dem Tod der einzige Mann und Liebhaber in ihrem Leben bleibt. Kannst du den Gedanken nachvollziehen, dass der Trauernde dem Toten einen Ort gibt und nicht der Tote sich einen Platz bei uns aussucht?
- Wie viele Menschen können in einem Herzen Platz haben?

In der gesamten Gruppe – 30 Minuten

Gibt es etwas aus den Kleingruppen zu berichten?

Die Jugendlichen erhalten die beiden Arbeitsblätter »Weltkarte« und »Mensch« und können darin mit Worten, Zeichnungen oder Farbflächen markieren, an welchen Orten für sie der/die Verstorbene gefühlsmäßig oder gedanklich vorstellbar ist.

Es folgt ein Austausch dazu.

Abschlussritual – 10 Minuten

Der Gefühlswürfel geht mit der Frage um den Tisch: Wie gehe ich nach Hause? Was mache ich noch Gutes an diesem Wochenende?

Trauergruppen für verwaiste Eltern

Ein 18-jähriges Mädchen starb durch einen Unfall und ich lernte seine Eltern und Geschwister kennen. Jeder in dieser Familie trauerte anders und gleichzeitig so ähnlich. Sie waren sich nah und ebenso fern. Was ihnen gemeinsam war, das war der Gesprächsbedarf.

Ein Vierteljahr später erhielt ich einen Anruf einer weiteren Familie, deren 11-jähriger Sohn tödlich verunglückt war. In diesem Gespräch kam mir der Gedanke, wie gut es sein könnte, wenn diese Mutter nicht nur mit mir als Trauerbegleiterin sprechen, sondern von einer Mutter, deren Kind ebenfalls verstorben ist, erfahren würde, wie man am besten von Tag zu Tag weiterlebt mit dem Schmerz, der einem schier das Herz zerreißt, das Denken, Fühlen und Handeln beeinflusst. Mit dem Wissen um zwei weitere Familien, in denen die Kinder durch eine Krebserkrankung relativ schnell verstorben waren, gründeten wir unsere erste Elterntrauergruppe, zu der wir ausdrücklich auch Väter einluden.

Für die Gruppe war es uns wichtig zu betonen, dass die Erfahrungen und Erlebnisse um die Krankheit, den Unfall und den Tod des Kindes einen Raum bekommen, der allerdings nicht so groß ist, dass für weitere Anliegen der Teilnehmenden kaum mehr Platz ist. Jeder, der eine Trauergruppe aufsucht, trägt 100 Prozent Traurigkeit wegen seinem eigenen Verlust in sich. Deshalb ist es wichtig, darauf zu achten, wie viel weiteres Leid durch Erzählungen die Gruppenleitung zulässt bzw. der einzelne Teilnehmer an sich heranlässt.

Verwaiste Eltern stellen sich häufig als verantwortungsbewusste Eltern infrage und quälen sich mit der Frage, wie sie den Tod des Kindes hätten verhindern können. Dass ihr verstorbenes Kind in ihrem Denken und Fühlen einen so großen Raum einnimmt, macht vielen von ihnen ein schlechtes Gewissen. Mir ist es in solchen Fällen wichtig, einerseits darauf hinzuweisen, dass es ganz normal ist, wenn das verstorbene Kind in den Fokus rückt. Wäre es noch am Leben und würde etwas Besonderes passieren, wie z. B. eine Auszeichnung bei einer Sportveranstaltung, eine erfolgreich abgeschlossene Prüfung oder auch eine Krankheit, dann wäre das Kind auch im Fokus der Eltern. Dann ist es doch erst recht so, wenn das Kind stirbt! Genauso wichtig ist andererseits, von Zeit zu Zeit ganz bewusst die Partnerschaft und gegebenenfalls die verbleibenden Kinder in den Mittelpunkt der Aufmerksamkeit zu rücken.

Verwitwete Eltern stellen häufig ihre Trauer hintenan, funktionieren anfangs im Alltag, um Haushalt, Erziehung und Arbeit alleine bewältigen zu können; ihr Blick ist häufig sorgenvoll auf die verbleibenden Kinder gerichtet. Dagegen erleben Eltern, deren Kind verstorben ist, oft einen anderen Schmerz, der von Sehnsucht, Schuldgefühl, Sinnfragen geprägt ist. Deshalb stehen in Gruppen mit verwaisten Eltern die Erinnerungen an das Kind, an das, was das Kind in Zukunft »verpassen« wird, Zeichen, die die Kinder senden, und die Unsensibilität der Umwelt im Vordergrund.

Diese Themen benötigen Raum für Gespräche. Ebenso wichtig ist, dass weitere Aspekte wie die Partnerschaft und ein auf Dauer gutes Weiterleben innerhalb der Familie ohne das vermisste Kind, die Trauer der verbleibenden Kinder sowie Glaube, Zweifel und Unglaube, Alltagsbewältigung in Beruf und Freundeskreis, Familienfeste bei Bedarf thematisiert werden.

Wenn Paare teilnehmen, ist es sinnvoll, die Kleingruppen nach Geschlechtern zu trennen. So haben die Partner in diesen Phasen der Gruppenarbeit die Möglichkeit, frei zu sprechen. Denn häufig nehmen Partner aufeinander Rücksicht und sprechen die Probleme, die sich eventuell durch die Krisensituation in Beziehung und Familie ergeben haben, nicht an. Auch ist es möglich, dass ein Elternteil die eigenen Emotionen verallgemeinert und ständig in der »Wir-Form« spricht. Männer und Frauen trauern aber häufig unterschiedlich. Der Vorteil geschlechtsspezifischer Gruppen ist, dass sowohl ein Austausch unter Männern und Frauen getrennt als auch ein Miteinander in der gemischten Gruppe möglich wird. So kann sich möglicherweise ein bereichernder Austausch der Paare auf dem Nachhauseweg ergeben, wenn sich beide von den Gesprächen in den Kleingruppen erzählen. Die »Schweigepflicht« der Gruppenteilnehmenden liegt in ihrer Verantwortung. Es ist von Vorteil, wenn an den ersten Abenden von der Gruppenleitung angesprochen wird, dass es ein Gewinn sein kann, sich über unterschiedliche Sichtweisen auch noch zu Hause auszutauschen, ohne sich selbst oder andere dabei bloßzustellen.

Möchte man Elternpaare, auch getrennt lebende, ansprechen, kann es sinnvoll sein, ihnen, insbesondere den Männern, deutlich zu erklären, was in der Gruppe passieren und was nicht vorkommen wird. Ich weise zum Beispiel ausdrücklich darauf hin, dass keine Kreistänze getanzt werden. Mit diesem Hinweis will den Wert dieser Aktivitäten bei anderen Trauergruppenanbietern nicht schmälern. Ich benenne es aber deshalb, weil ich weiß, dass die Befürchtung, bei Duftkerzenschein im Pilgerschritt tanzen zu »müssen«, insbesondere Männer und Jugendliche von dem Besuch einer Trauergruppe abhalten kann.

Trauer bedeutet Krise. Die These, dass sich 70 Prozent der Paare trennen, nachdem ein Kind gestorben ist, hält sich hartnäckig. Statistisch habe ich hierfür keine Grundlage gefunden. Auch bin ich mir sicher, dass Ehen nicht deshalb scheitern, *weil* ein Kind gestorben ist, sondern eher, weil die Beziehung dieser großen Belastung nicht standhalten konnte. Wahrscheinlich hätte auch eine andere Tragödie wie eine chronische schwere Erkrankung, Arbeitslosigkeit, die Behinderung eines Kindes ebenfalls eine Trennung herbeigeführt. Als Paar an einer Trauergruppe teilzunehmen, kann eine Chance bieten, eine erweiterte Gesprächskultur für die Beziehung in schweren, veränderten und hoffentlich guten folgenden Zeiten zu finden.

Trauertypen

Hintergrund

Durch den Tod eines Kindes verändert sich das ganze Familiensystem. Mütter, Väter, Geschwisterkinder, alle trauern auf ihre eigene Art und Weise, manchmal nachvollziehbar und manchmal in einer für die anderen unverständlichen Form. Jeder in der Familie hat in der einen verstorbenen Person vielleicht jemand anderen verloren.

Material

- zwei mal vier Blätter/Plakate, auf denen jeweils ein Begriff steht: emotional, sachlich, aktiv, verdrängend
- Erinnerungskärtchen in Visitenkartengröße, ebenfalls in der Anzahl der Teilnehmenden (Kopiervorlage »Trauertypen«)

Ablauf

Gemeinsames Essen – 20 Minuten

Abendessen oder Snack am Tisch, Gespräche über Alltagsgeschehen, durch Trauerbegleiter unterstützt

Einstiegsritual – 10 Minuten

Der Gefühlswürfel geht mit der Frage um den Tisch: Mit welchem Gefühl bin ich heute hier?

In der gesamten Gruppe – 20 Minuten

Die Teilnehmenden schreiben auf ein großes Blatt in der Tischmitte alle möglichen Eigenschaften und Zuschreibungen für das verstorbene Kind: das vernünftige oder streitbare Kind, der Konkurrenz-Bruder, die kleine oder die große Schwester, das kuschelige Kind, der Erstgeborene, das Mittelkind oder Nesthäkchen usw.

Anhand der Sammlung wird deutlich, dass innerhalb einer Familie zwar alle um dieselbe Person, aber nicht um die gleiche Beziehung trauern. Auch das erschwert manchmal den Trauerprozess in Familien.

Anschließend legt die Gruppenleitung vier der vorbereiteten Plakate, welche für die vier verschiedenen Trauertypen stehen, in die Mitte. Es ist wahrscheinlich, dass die Teilnehmenden spontan darauf reagieren, indem sie einzelne Familienmitglieder zuordnen.

Die Gruppenleitung weist darauf hin, dass Menschen in der Trauer unterschiedlich reagieren.

Die einen fühlen vor allem, andere denken, handeln oder vermeiden in Verlustsituationen häufiger. Wenn man die eigene Art zu reagieren in Prozentzahlen ausdrücken würden, könnte es z. B. so aussehen: Fühlen 70 %, Denken 10 %, Handeln 20 %, Verdrängen 0 %.

Die *Emotionalen* weinen, schreien, beben und spüren einen körperlichen Schmerz, sprich: Sie *durchleben* ihre Trauer.

Die eher *Sachlichen* wollen etwas lesen, nachdenken und über Ursachen debattieren, analysieren, sie wirken oft sachlich, kühl und distanziert. Sie möchten den Verlust *verstehen* und wirken auf Außenstehende oft so, als würden sie keine Hilfe benötigen.

Die *Aktiven* backen Kuchen, bereiten die Beerdigung vor, gestalten Gedenktage, malen, basteln und organisieren. Diese Handlungen helfen ihnen, den Tod *begreifbar* werden zu lassen.

Die *Verdrängenden* möchten die Gedanken an die Trauer lieber vermeiden und auch die dazugehörenden Gefühlsreaktionen ignorieren. Sie wirken häufig desinteressiert, anteilslos, gefühlslos und obwohl auch sie den Schmerz spüren, zeigen sie ihn nicht. Sie umgehen die Konfrontation mit dem Verlust, um sich vor dem, was ihnen widerfahren ist, zu schützen. Dies ist vielleicht vorerst die einzige Reaktion, die dem Trauernden hilft, handlungsfähig zu bleiben. Für die Verdränger bedeutet der Tod, dass das Leben dennoch direkt *weitergehen* muss.

Jede Reaktion ist in Ordnung, weil sie unserem Persönlichkeitstyp entspricht. Unsere Umwelt hat uns auch schon vor der Trauerzeit so kennengelernt. Wichtig ist, dass wir uns selbst einschätzen können und auch die Andersartigkeit der weiteren Familienmitglieder akzeptieren und tolerieren lernen.

Die Teilnehmenden werden anschließend in eine Männer- und eine Frauengruppe eingeteilt und nehmen vier Plakate mit.

Austausch in den Männer- und Frauengruppen – 50 Minuten

Die Kleingruppen erhalten einen Fragenkatalog:

- Als welchen Typ würde ich mich bezeichnen?
- Würde ich mich darauf festlegen oder gibt es auch einen Rollenwechsel, je nachdem, ob ich »Ich« sein darf oder in der Funktion als Elternteil stehe?
- Fühle ich mich mit meinem Schwerpunkt wohl?
- Ist mir mein Trauerschwerpunkt von außen zugeordnet worden? Etwa: »Wie gut, dass wenigstens du einen klaren Kopf behältst!« oder: »Du musst deine Gefühle auch rauslassen!«
- Erkenne ich meine Familienmitglieder wieder?
- Verstehe ich ihre Reaktionen?
- Ist mir bewusst, dass ich für ein gesundes Leben auf Dauer alle Eigenschaften zulassen sollte: Emotionalität, Sachlichkeit, Aktivität und Verdrängung?
- Ist mir bewusst, dass mein Schwerpunkt meine Stärke in meiner Familie sein kann, so wie auch die anderen Familienmitglieder ihre Stärke mitbringen?
- Ergänzen wir uns gegenseitig und stützen uns dadurch im neuen Alltag?

In der gesamten Gruppe – 20 Minuten

Gibt es etwas aus den Kleingruppen zu berichten?

Die Eltern werden angeregt, diese Idee der verschiedenen Persönlichkeitsmerkmale in der eigenen Familie und im Freundeskreis aufzugreifen, um auch mit anderen nahestehenden Menschen darüber ins Gespräch zu kommen. Ganz sicher kann man dadurch auch einige Missverständnisse im Bekanntenkreis auflösen.

Das Geschenk

Die Eltern erhalten kleine Kärtchen, die sie in ihr Portemonnaie stecken können, um von Zeit zu Zeit zu überprüfen: Habe ich heute schon gefühlt, gedacht, etwas gemacht oder schwere Gedanken weggeschoben?

Abschlussritual – 10 Minuten

Der Gefühlswürfel geht mit der Frage um den Tisch: Wie gehe ich nun nach Hause?

Ein Platz in meinem Herzen

Hintergrund

Ein verstorbenes Kind bekommt bei Angehörigen und Freunden, insbesondere bei den Eltern, oft einen besonderen Raum. Der Gedanke an das vermisste Kind belegt Herz und Kopf und drängt manchmal den Partner, weitere Kinder oder die trauernde Person selbst weit in den Hintergrund. Manchmal kann es guttun, in Trauersituationen kurzfristig die Perspektive zu wechseln, d. h., von außen auf sein »Herz« zu schauen.

Material

- verschiedene Teesorten
- Teelichte
- Pappherzen in der Anzahl der Teilnehmenden

Ablauf

Gemeinsames Essen – 20 Minuten

Abendessen oder Snack am Tisch, Gespräche über Alltagsgeschehen, durch Trauerbegleiter unterstützt

Einstiegsritual – 10 Minuten

Der Gefühlswürfel geht mit der Frage um den Tisch: Wie geht es mir seit dem letzten Gruppentreff? Wie bin ich heute hier?

In der gesamten Gruppe – 20 Minuten

Die Gruppenleitung stellt das Thema des Abends vor und lädt zu folgender Übung ein:

Die Teilnehmer erhalten mehrere unterschiedliche Teebeutel. Jeder Teebeutel steht für ein Familienmitglied, inklusive des verstorbenen Kindes.

Nun ordnet jede/r Teilnehmende die eigenen Teebeutel so vor sich an, dass sie anzeigen, wer zu wem in welcher Beziehung steht. Die trauernde Mutter legt z. B. die verstorbene Tochter auf den Teebeutel, der für sie selbst steht. Den lebenden Sohn schiebt sie weit nach außen auf die Seite der Oma. Den Ehemann platziert sie an ihrer Seite. Oder der Teebeutel, der für das verstorbene Kind steht, wird weit nach oben (in den Himmel) gelegt, das verbleibende Kind direkt an die Seite und der Ehemann weit entfernt.

Anschließend gehen die Teilnehmenden in die Männer- und Frauengruppe und nehmen verschiedenfarbige Teesorten mit in die Kleingruppen.

Fallbeispiele

Ein junges Mädchen sucht die Trauerbegleitung auf, weil ihr Freund vor zwei Jahren verstorben ist. Sie hat mittlerweile einen neuen Partner, stellt aber fest, dass es irgendwie nicht stimmt. »Küssen geht, aber Sex klappt gar nicht«, sagt sie. Sie kann sich nicht erklären, warum das so ist. Sie sagt, sie habe begriffen und akzeptiert, dass ihr Freund tot sei. Sie habe so viele Gefühle erlebt und zugelassen, wie selten in ihrem Leben, und sich auch der auf den Tod folgenden Veränderung angepasst. Für die Aufgabe, dem verlorenen Menschen einen Ort zu geben, lege ich drei verschiedenfarbige Teebeutel auf den Tisch. Der rote steht für sie, der grüne für den verstorbenen und der blaue für den neuen Freund. Das junge Mädchen legt ihren Teebeutel auf die untere Tischkannte, als Zeichen für den Erdboden. Den des verstorbenen Freundes legt sie direkt über sich, den des neuen Partners angrenzend an ihre rechte Seite. Dann schaut sie darauf, lacht und sagt: »Ach, solange der eine noch so nah dran ist, kann es mit dem anderen ja auch nicht so klappen.« Wir sprechen darüber, welchen Platz sie dem verstorbenen und dem lebenden Freund zugestehen möchte. Und es entstand der Gedanke, dass sie auch dann, wenn sie den toten Freund weiter nach oben schiebt, ihn jederzeit bei Bedarf heranholen und auch wieder gehen lassen kann … ohne Angst haben zu müssen, ihn zu verlieren.

Ein fünfjähriges Kind ist in einer jungen Familie gestorben. Die Grundschule meldet sich nach einem halben Jahr bei den Eltern, weil der siebenjährige Bruder sich anderen Kindern gegenüber aggressiv verhält. Bei dem Erstgespräch mit der Mutter spreche ich kurz über das Modell von Worden und die Methode mit den Teebeuteln. Daraufhin greift sich die Mutter den Teebeutel des verstorbenen Kindes, knallt ihn auf ihren eigenen Symbolbeutel und schiebt das Zeichen für den siebenjährigen Sohn mit einer Handbewegung weit von sich weg. »So«, sagt sie, »so fühlt sich das an!«

Austausch in den Männer- und Frauengruppen – 50 Minuten

Die Väter und Mütter tauschen sich über die Anordnung ihrer Teebeutel und ihre Gedanken dazu aus.
Ergänzend kann die Gruppenleitung folgende Fragen stellen:

- Kenne ich das auch, dass das tote Kind mein Herz belegt?
- Belegt das Kind mich oder belege ich mich damit?
- Kenne ich das Gefühl, den Gedanken, andere weit von mir zu schieben?
- Fühle ich mich weggeschoben? In meiner Partnerschaft, von meinen Kindern?
- Habe ich meinem Kind einen anderen Platz gegeben? Fühlt er sich »o.k.« an?
- Wer könnte uns in dieser Zeit entlasten und etwas Sorge für die anderen Kinder übernehmen?
- Kenne ich das Gefühl, das mir am meisten nahestehende Kind sei gestorben? Woher könnte so eine Idee kommen?
- Kann ich den Platz tatsächlich verschieben, mal weiter weg, mal näher heranholen?

In der gesamten Gruppe – 20 Minuten

Gibt es etwas aus den Kleingruppen zu berichten?

Ein Austausch über den Gedanken »Wie viele Menschen passen in mein Herz?« vertieft noch einmal das Thema des Abends.

Das Geschenk

Die Eltern erhalten ein Pappherz als Kerzenunterlage und so viele Teelichte, wie Mitglieder in ihrer Familie sind, inklusive des verstorbenen Kindes.

Abschlussritual – 10 Minuten

Der Gefühlswürfel geht mit der Frage um den Tisch: Wie gehe ich nun nach Hause?

Habe ich nicht richtig aufgepasst?

Hintergrund

Die Aufgabe, gut für das Kind zu sorgen – bis es, ja, bis es volljährig ist oder darüber hinaus? –, wird Eltern gesellschaftlich auferlegt und von den meisten Eltern auch selbst so empfunden.

Häufig tragen Eltern, die ein Kind verloren haben, Schuldgefühle in sich. Diese Gefühle sind sehr nahe verwandt mit dem Verantwortungsgefühl. Es ist ein wichtiges Thema, das in keinem Trauergruppenangebot fehlen darf. Sich mit anderen Eltern aus der Runde auszutauschen, kann entlastend wirken und helfen, sich verzeihen zu können, wenn es notwendig ist.

Vielleicht gibt es zudem die Möglichkeit, zu diesem Thema einen Richter/eine Richterin für die gesetzliche Seite und einen Psychologen/eine Psychologin für die emotionale Seite als Gäste einzuladen.

Material

- Unterschiedlich große Steine, vom kleinen Kieselstein bis zum mittleren (tragbaren) Findling, für die Tischdekoration oder Kreismitte
- Steine aus grauem Tonpapier ausgeschnitten
- 1-Cent-Stücke in der Anzahl der Teilnehmenden

Ablauf

Gemeinsames Essen – 20 Minuten

Abendessen oder Snack am Tisch, Gespräche über Alltagsgeschehen, durch Trauerbegleiter unterstützt

Einstiegsritual – 10 Minuten

Der Gefühlswürfel geht mit der Frage um den Tisch: Wie geht es mir seit dem letzten Gruppentreff? Wie bin ich heute hier?

In der gesamten Gruppe – 20 Minuten

Die Gruppenleitung führt in das Thema des Abends ein, indem sie auf die Tischdeko, bestehend aus Steinen, hinweist: Manch einer fühlt sich von Schuld beladen und belastet wie von schweren Steinen.

Darauf folgt ein Input zu angeborenen und anerzogenen Gefühlen:

Zu den angeborenen Gefühlen, die zu unserer emotionalen »Grundausstattung« gehören, zählen u. a. Ärger, Angst, Trauer, Freude, Ekel, Überraschung, Verlegenheit, Wut, Scham. Diese werden von frühester Kindheit an durch die kulturelle Umgebung geübt und geprägt.

Darüberhinaus kennen wir noch weitere Emotionen, die durch Lebenserfahrungen, soziale Beziehungen und gesellschaftliche Normen entstehen, z. B. Schuld, Dankbarkeit, Empathie und Mitgefühl, Neid, Gier.

Der soziale und kulturelle Einfluss spielt eine große Rolle für das Gefühlsleben, da jede Erfahrung durch unsere eigenen Emotionen bewertet wird. Das bedeutet, dass und warum wir Schuldgefühle empfinden, ist persönlich und kulturell geprägt. So haben zum Beispiel nur 27 von 47 europäischen Ländern die körperliche Züchtigung von Kindern verboten. Demnach werden Eltern aus Frankreich im Unterschied zu Eltern aus Deutschland weniger bzw. keine Schuldgefühle beim Ohrfeigen ihres Kindes empfinden.

Wenn Menschen Schuldgefühle empfinden, kann es zum einen daran liegen, dass sie tatsächlich gegen eine gesellschaftliche Norm verstoßen, wie z. B. trotz einer roten Fußgängerampel die Straße zu überqueren.

Die Trauerbegleiterin Chris Paul nennt dies eine normative Schuld. Von instrumenteller Schuld spricht sie, wenn wir uns schuldig fühlen, weil wir gegen anerzogene emotionale Regeln bzw.

emotionale Botschaften verstoßen haben, z. B.: »Weil du so frech warst, bin ich krank geworden« oder »Wegen dir konnte ich die ganze Nacht nicht schlafen!«. Diese Botschaften lernen wir schon als Kinder. Aus den Vorstellungen und Reaktionen der sozialen Umgebung leiten wir unser Gefühl ab, wann wir »gute« und wann wir »schlechte« Menschen sind. Auch so entstehen Schuldgefühle, die uns das Signal geben: »Du hast gegen eine Regel verstoßen. Du bist schuldig geworden.«

Fallbeispiel

Ein Vater sagt, er fühle sich schuldig an dem Krebstod seines Sohnes, der an einem Nierentumor verstorben ist. Alle Teilnehmer in der Gruppe widersprechen ihm. »Nein«, sagt eine Mutter, »auf den Krebs hattest du doch keinen Einfluss.« Der Vater reagiert: »Doch, vielleicht haben wir die Krankheitsanzeichen zu spät erkannt, haben uns ungesund ernährt, nicht die richtigen Ärzte aufgesucht …« Die Mutter schüttelt den Kopf. »Nein, ich finde, dich trifft keine Schuld, mich schon eher. Hätte ich mein Kind von der Schule mit dem Auto abgeholt, hätte es nicht über die Straße zur Bushaltestelle laufen müssen und wäre dabei nicht vom Auto überfahren worden.« Sofort reagiert wieder eine andere Mutter. »Quatsch«, sagt sie. »Stell dir vor, du hättest dein Kind im Auto abgeholt und bei einem Auffahrunfall wäre deine Tochter gestorben. So oder so könnte man dir keine Schuld geben, aber das Gefühl wäre anders bestimmt noch schlimmer.« Ein Vater meldet sich zu Wort und sagt: »Aber ich glaube, dass meine Frau und mich wirklich eine Schuld trifft. Unser Kind ist aus dem offenen Fenster gefallen …«

Austausch in den Männer- und Frauengruppen – 50 Minuten

In den beiden Gruppenräumen liegen aus Tonpapier ausgeschnittene »Steine«. Die Väter und Mütter schreiben die Begriffe zum Thema Schuld, die ihnen einfallen, auf die Papiersteine (ein Begriff pro Stein). Anschließend stellen sie sich die Steine gegenseitig vor, die sie offenbaren möchten.

Die Gruppenleitung stellt Fragen:

- Gibt es jemanden, der mir eine tatsächliche Schuld an dem Tod meines Kindes gibt?
- Ist der Tod meines Kindes aus den Gründen vor Gericht gekommen?
- Würde man mich vor Gericht schuldig sprechen?
- Kann es sein, dass Menschen, deren Kind nicht verstorben ist, im Gegensatz zu uns schuldlos sind?
- Trage ich tatsächlich Schuld an dem Vorfall oder ist es einfach Pech gewesen, z.B.: »Zur falschen Zeit am falschen Ort«?
- Ist das Schuldgefühl ein wichtiger Baustein, um auf Dauer mein emotionales Gleichgewicht wiederherzustellen?
- Gibt mir der Schuldgedanke ein Gefühl, durch das ich mich im Schmerz mit meinem toten Kind verbunden fühle?
- Was können Schuldgefühle auf Dauer mit mir machen? Zum Beispiel Magengeschwüre, Depressionen, Versagensgefühle fördern?
- Braucht es andere Menschen, die mir verzeihen, oder kann das nur durch mich selbst geschehen?
- Gibt es Formen der Entschuldigung bei einem Todesfall?

In der gesamten Gruppe – 20 Minuten

Die beiden Kleingruppen berichten von ihrem Gespräch.

Es können in der großen Runde Sätze formuliert und gesammelt werden, die helfen, die Situation so akzeptieren zu können, wie sie ist. Zum Beispiel: »Es tut mir leid, was geschehen ist. Ich habe nicht mit meiner besten Möglichkeit gehandelt, aber ich werde die Situation akzeptieren, wie sie nun ist. In Zukunft werde ich versuchen, bedachter zu reagieren.«

Eine weitere Möglichkeit könnte sein, dem verstorbenen Kind eine Erklärung und Entschuldigung aufzuschreiben und diese z. B. am Grab zu verbrennen.

Das Geschenk

Die Eltern erhalten einen Glückspfennig, einen Glücks-Cent. Dazu gibt die Gruppenleitung den Impuls: Kopf oder Zahl? Glück oder Pech? War der Tod unsere »Schuld«, »Glück« oder »Pech«?

Der Glücksbringer kann in der Hosentasche oder im Geldbeutel getragen werden und jederzeit daran erinnern: Über das Schicksal haben wir nicht die Macht, manchmal entscheiden kleinste Augenblicke über unser Glück oder Pech.

Abschlussritual – 10 Minuten

Der Gefühlswürfel geht mit der Frage um den Tisch: Wie gehe ich nun nach Hause?

Literaturempfehlungen zum Thema

Doris Wolf, Wenn Schuldgefühle zur Qual werden. Selbstvorwürfe ablegen, sich verzeihen lernen, Mannheim 2003

Chris Paul, Schuld – Macht – Sinn. Arbeitsbuch für die Begleitung von Schuldfragen im Trauerprozess, Gütersloh 2010

Wer bin ich jetzt?

Hintergrund

»Das ist die Frau, deren Junge bei dem Unfall gestorben ist«, hört eine Mutter andere Eltern auf dem Schulhof tuscheln. »Na, dir scheint es aber wieder gut zu gehen«, spricht sie jemand ein paar Tage später in der Eisdiele an. »Wer bin ich jetzt?« ist tatsächlich oft eine Frage. Wie sieht mich die Außenwelt in meiner Trauer, wie möchte sie mich sehen und wie erlebe ich mich selbst?

Material

- Taschenspiegel in der Anzahl der Teilnehmenden, beschriftet mit der Aufschrift: »… unverändert?« oder »Ich sehe was, was du nicht siehst und das ist …«
- Fragenzettel für die Kleingruppen (Kopiervorlage »Gedanken«)

Ablauf

Gemeinsames Essen – 20 Minuten

Abendessen oder Snack am Tisch, Gespräche über Alltagsgeschehen, durch Trauerbegleiter unterstützt

Einstiegsritual – 10 Minuten

Der Gefühlswürfel geht mit der Frage um den Tisch: Wie geht es mir seit dem letzten Gruppentreff? Wie bin ich heute hier?

In der gesamten Gruppe – 20 Minuten

Der Gruppe wird kurz die Autorin des folgenden Textes vorgestellt. Die Frage des Abends »Wer bin ich jetzt?« wird benannt, dazu der Text vorgelesen.

Wer bin ich?

Ich bin Barbara Pachl-Eberhart: Autorin, Atempädagogin, Trauerbegleiterin.

Genügt Ihnen diese Beschreibung? Gibt sie Ihnen das Gefühl, genug über mich zu wissen? Ich glaube nicht.

Das, was ich bin, lässt sich nicht trennen von dem, was ich einmal war. Clown. Ehefrau. Und Mutter zweier Kinder, für die mein Herz vor Liebe fast zersprang, die meinen Bauch zum Strahlen brachten, mit denen ich lachte, jubelte und lebte. Bis zu dem Tag, an dem sie, gemeinsam mit ihrem Vater, meinem geliebten Mann, die Erde verließen.

Ich habe getrauert und ich trauere noch immer, wenn auch auf meine Weise. Von außen sieht man mir das nicht immer an. Zumindest dann nicht, wenn man ausschließlich nach Tränensäcken, verschwollenen Lidern oder hängenden Mundwinkeln Ausschau hält.

Ich weine noch heute, nach über vier Jahren, um meine Familie, still und leise, meistens dann, wenn es niemand sieht. In der Welt funktioniere ich indes recht gut. Und doch finde ich, dass sich meine Trauer auch hier öfter zeigt, als mir lieb ist.

Zum Beispiel, wenn ich siebzehn Tage brauche, um ein simples Mail zu beantworten. Wenn ich eisern lächle, und gar nicht mehr damit aufhören kann, auch wenn das Gespräch gerade gar nicht lustig ist. Wenn ich verbissen versuche, etwas alleine zu schaffen, und laut schreie, wenn es mir nicht gelingt. Wenn ich alle doof finde, die mich nicht verstehen, weil ich lieber Blumenpflücken gehe als mit Freunden zusammenzusitzen.

Blumenpflücken? Das soll auch Trauer sein?

Warum nicht? Hat die Trauer keinen Platz für waghalsigen Übermut, für verrückte Pläne und für die Wut, die uns erfüllt, wenn diese Pläne scheitern? Ist man ein schlechter Trauernder, wenn man streitet, schreit, mit Türen knallt … oder gar einmal lacht?

Vor Kurzem habe ich das Wort »Trauer« im etymologischen Wörterbuch nachgeschlagen. Ich hoffte, seiner Bedeutung auf den Grund gehen zu können, sie zu entschlüsseln. Ich wollte mir selbst beweisen, dass Trauer viel mehr bedeutet als »traurig sein«. Ich wurde enttäuscht.

Trauern, dieses Wort kommt aus dem Althochdeutschen und bedeutet: »die Augen niederschlagen, schlaff sein, nachlassen, aufhören, fallen«.

Ich möchte dieser schweren, kraftlosen Seite der Trauer ihre Würde nicht absprechen. Es wäre seltsam, ja sogar gefährlich, wenn sie ganz und gar verschwinden würde. Eine Welt ohne Rückzug und ohne meine Tränen möchte ich mir nicht vorstellen. Sie helfen mir, wenn ich innerlich fast zerplatze. Sie spülen mich weich, wenn ich am Leben zu verzweifeln drohe. Sie gehören zu mir und zu dem Schicksal, das ich trage.

Und doch bin ich viel mehr als diese Tränen. Und die schwierigsten Seiten der Trauer erlebe ich meistens dann, wenn der Wasserhahn gerade verstopft ist. Geht es Ihnen auch so?
(Barbara Pachl-Eberhart)

Nach dem Vorlesen können erste Eindrücke ausgetauscht werden. Anschließend werden die Teilnehmer in die Männer- und Frauengruppe eingeteilt.

Austausch in den Männer- und Frauengruppen – 40 Minuten

Auf den Tischen liegen die »Gedankenblasen-Zettel« (Kopiervorlage) mit folgenden Fragen:

- Sieht man mir die Trauer von außen an?
- Jeder trauert auf seine Weise. Was ist meine Weise?
- Wenn ich in vier Jahren weine, werden es andere Tränen sein?
- Zeigt sich meine Trauer häufig?
- Würde ich meine Tränen, meine Trauer gerne besser kontrollieren können? Oder kontrolliere ich mich zu stark?
- Erinnere ich mich daran, wann ich das erste Mal wieder gelacht habe?

- Benutze ich nur noch wasserfeste Mascara, die »tränenfreundlicher« ist?
- Bringt die Trauer Aggressionen und andere Launen in mir zutage?
- Funktioniere ich gut? In Familie, Arbeitsplatz, Freundeskreis, Alltag?
- Spülen Tränen mich weich oder machen sie mich fertig?
- Kenne ich den Moment des verstopften Wasserhahns?
- Wünschte ich, meine Trauer würde verschwinden?
- Welche Trauerzeit gestehe ich mir selbst zu?
- Bin ich eine »gute« oder »schlechte« Trauernde?
- Was empfinde ich derzeit als schwierigste Seite der Trauer? Was als stärkste?
- Habe ich mich verändert? Inwiefern?

In der gesamten Gruppe – 20 Minuten

Die beiden Kleingruppen berichten von ihrem Gespräch.

Sich durch einen Verlust nicht zu verändern, ist fast unmöglich, doch gibt es immer auch Dinge, die bleiben. Am Ende der Gruppeneinheit wird deshalb noch einmal der letzte Satz aus dem Text aufgegriffen: »Und doch bin ich viel mehr als diese Tränen.«

Es stellt sich die Frage: »Wer bin ich nun, noch oder darüber hinaus?«

Jeder benennt in der Runde möglichst drei (davon mindestens zwei positiv besetzte) Dinge, die ihn auch ausmachen.

Das Geschenk

Die Eltern erhalten die beschrifteten Taschenspiegel »… unverändert?« oder »Ich sehe was, was du nicht siehst und das ist …«

Abschlussritual – 10 Minuten

Der Gefühlswürfel geht mit der Frage um den Tisch: Wie gehe ich nun nach Hause?

Gedenkecke

Hintergrund

In den meisten Wohnungen von Familien, in denen ein Kind verstorben ist, stehen und hängen viele Erinnerungsfotos. Auch findet man häufig Gedenkecken vor, in denen ein Foto, typische Gegenstände vom toten Kind, eine Kerze und eine Blume stehen. In dieser Gruppeneinheit soll überlegt werden, ob auch eine Gedenkecke für die Überlebenden einen Platz in der Wohnung finden könnte, ohne dass man dabei das verstorbene Kind übersieht.

Material

- Kerze, Blume
- kleine Gegenstände wie Muscheln, Bänder, bunte Perlen, bunte Federn
- kleine farbige Zettel und Stifte
- evtl. ruhige Hintergrundmusik
- 1,50 Meter lange Paketbandstücke in der Anzahl der Teilnehmenden

Ablauf

Gemeinsames Essen – 20 Minuten

Abendessen oder Snack am Tisch, Gespräche über Alltagsgeschehen, durch Trauerbegleiter unterstützt

Einstiegsritual – 10 Minuten

Der Gefühlswürfel geht mit der Frage um den Tisch: Wie geht es mir seit dem letzten Gruppentreff? Wie bin ich heute hier?

In der gesamten Gruppe – 30 Minuten

Das Treffen beginnt mit einem Austausch über die eigenen Gedenkorte für die verstorbenen Kinder, insbesondere in der Wohnung. Die Gruppenleitung führt anschließend die Idee ein, einen Gedenkplatz für die überlebenden Familienmitglieder einzurichten.

Als Symbol für den Familien-Lebensweg seit dem Todestag des Kindes erhält jede/r Teilnehmer/in ein 1,50 Meter langes Paketband.

Die Teilnehmenden können einen Symbolknoten oder einen Gegenstand, z. B. eine Feder, Perle oder einen beschrifteten Zettel für das Todesdatum an den Anfang des Fadens knüpfen. Für besondere, schwere oder gute Begebenheiten, Erlebnisse der einzelnen Familienmitglieder oder der gesamten Familie werden weitere Symbole in den Faden gebunden. Hier bieten sich bunte Federn, Perlen oder beschriftete farbige Papierschnipsel an. Für traurige Ereignisse, unterschiedlich schwere Zeiten, könnten auch Knoten stehen, einfach, doppelt oder mehrfach geknüpft.

Im Hintergrund läuft leise Musik.

Austausch in den Männer- und Frauengruppen – 30 Minuten

Die Kleingruppen tauschen sich aus über die Bilder und Gedanken, die ihnen während des Knüpfens gekommen sind.

Weitere Fragen können sein:

- Was ist seit dem Todestag schon alles geschehen, was es wert war, einen Platz in dem Band zu bekommen?
- Lässt mich meine Trauer und Sehnsucht nach dem verstorbenen Kind noch die anderen Familienmitglieder wahrnehmen?
- Rutscht durch den Alltag das verstorbene Kind in den Hintergrund? Wie fühlt sich das an?
- Habe ich selbst einen Platz in meinem Band gefunden?

In der gesamten Gruppe – 20 Minuten

Die beiden Kleingruppen berichten von ihrem Gespräch.

Die Gruppenleitung gibt folgende Gesprächsimpulse in die Gesamtrunde:

- Kann ich mir vorstellen, auch eine Gedenkecke für die lebenden Familienmitglieder einzurichten, an der z. B. an einem Prüfungstag oder Geburtstag der lebenden Kinder eine Kerze brennt? Wo ich Fotos aus dem aktuellen Urlaub oder andere Schnappschüsse aufstelle?
- Wenn ich noch heute eine solche Ecke einrichten würde, was läge dort?

Abschlussritual – 10 Minuten

Der Gefühlswürfel geht mit der Frage um den Tisch: Wie gehe ich nun nach Hause?

Hoffnungsbilder

Hintergrund

Spätestens mit dem Tod taucht bei den Trauernden die Frage auf: Gibt es ein Leben nach dem Tod? Wird es ein Wiedersehen geben? Wie sieht meine Hoffnung aus?

Sich mit dem Gedanken, dass der Verstorbene nicht mehr da, aber vielleicht doch nicht ganz weg ist, auseinanderzusetzen und Hoffnungsbilder für das eigene Leben zu stabilisieren oder zu entwickeln, kann Trauernde beim Weiterleben sehr unterstützen. Der Austausch ist wichtig, um Einstellungen und Hoffnungsgedanken anderer kennenzulernen und zu überdenken.

Material

Je zwei Fotos von folgenden Motiven: Löwenzahnblüte, Pusteblume, Raupe, Schmetterling, Kaulquappe, Frosch, ein Ultraschallbild mit Nabelschnur, ein Baby, dessen Nabelschnur durchschnitten wird.

Ablauf

Gemeinsames Essen – 20 Minuten

Abendessen oder Snack am Tisch, Gespräche über Alltagsgeschehen, durch Trauerbegleiter unterstützt

Einstiegsritual – 10 Minuten

Der Gefühlswürfel geht mit der Frage um den Tisch: Wie geht es mir seit dem letzten Gruppentreffen? Wie bin ich heute hier?

In der gesamten Gruppe – 30 Minuten

Das Treffen beginnt mit der Impulsfrage: Fühlt es sich so an, als würden sich die verstorbenen Kinder immer weiter entfernen, kommen sie näher heran, sind sie da oder weg? Die Teilnehmer tauschen sich kurz darüber aus.

Fallbeispiele

Ein 16-Jähriger ist bei einem Autounfall verstorben. Die Eltern zählen jeden Tag, an dem der Junge nun nicht mehr bei ihnen lebt. »Du bist nicht mehr da! Mein Sohn, schon vier Wochen ohne dich! Wir vermissen dich«, schreiben sie auf Facebook. In den folgenden Jahren bleibt der Text immer ähnlich, nur die Zeitangaben verändern sich. »Schon 32 Wochen, 33 Wochen, 34 Wochen, 53 Wochen, 102 Wochen …«

In einer anderen Nachricht auf Facebook ist der Text eines Vaters zu lesen, dessen Tochter ebenfalls als junges Mädchen durch einen Unfall verstarb. Er schreibt: »Ich bin mir sicher, dass wir uns wiedersehen werden. Ich vermisse dich! Aber mir ist bewusst geworden, je länger ich nun weiterlebe, desto mehr Zeit kann ich mit deiner Mutter und deinen Geschwistern verbringen. Und gleichzeitig komme ich näher auf dich zu.«

Die Gruppenleitung stellt die Fotos vor und erläutert den Zusammenhang mit dem Thema:

- Der *Löwenzahn* verwandelt sich in eine Pusteblume, die ihre Samen neu aussät.
- Die *Raupe* verwandelt sich in einen Schmetterling.
- Ein *Embryo* wäre ohne Nabelschnur innerhalb der Gebärmutter nicht lebensfähig.
- Eine *Kaulquappe* kann ohne Wasser nicht überleben, aus ihr entwickelt sich ein Frosch, der nicht im Wasser leben muss.

Austausch in den Männer- und Frauengruppen – 30 Minuten

Die Teilnehmenden legen in ihrer Kleingruppe die Fotos aus und beschäftigen sich mit den Fragen:

- Glaube ich, dass es ein Wiedersehen, ein Weiterleben nach dem Tod gibt?
- Spüre ich mein Kind manchmal in meiner Nähe?
- Falls ich das nicht glaube, mir jedoch etwas wünschen könnte, was wäre es?
- Spricht mich eine Idee auf den Fotos besonders an?
- Spricht etwas dagegen, zu Erde zu werden?
- Käme die Idee der Wiedergeburt auch für mich infrage oder wollte ich mein Kind nicht in anderen Familien sehen?
- Helfen mir religiöse Auferstehungs-Vorstellungen weiter?

In der gesamten Gruppe – 20 Minuten

Die beiden Kleingruppen berichten von ihrem Gespräch.
Die Gruppenleitung erzählt folgende Geschichte:

Ein Segelschiff gleitet mit der Morgenbrise aufs offene Meer hinaus. Ich schaue ihm nach, bis es hinter dem Horizont verschwindet, und jemand neben mir sagt: »Jetzt ist es nicht mehr da.« Nicht mehr da? Nicht mehr auf meiner Seite. In dem Moment, da neben mir einer sagt »Jetzt ist es nicht mehr da«, gibt es andere, die das Schiff schon kommen sehen und freudig rufen: »Da, da ist es!«

Gesprächsimpulse zur Geschichte

- Sind mir solche Bilder hilfreich?
- Wenn ich einmal über den Horizont segle, wer soll mich dann erwarten?

Abschlussritual – 10 Minuten

Der Gefühlswürfel geht mit der Frage um den Tisch: Wie gehe ich nun nach Hause?

Trauergruppen für verwitwete Männer und Frauen

Aus unterschiedlichen Verlustsituationen und Lebensumständen resultieren unterschiedliche Trauerbedingungen. Die Mutter, deren Kind verstorben ist, hat andere Bedürfnisse und Fragen als die Frau mittleren Alters, die um ihre 83-jährige Mutter trauert. Doch auch wenn die Verlustsituation zunächst die gleiche ist – der Partner, die Partnerin ist gestorben –, können weit auseinanderliegende Bedürfnisse auftreten: Die junge trauernde Ehefrau stellt im Alltag ihre Trauer der Kinder wegen zurück und findet für sich keine Ruhe, während der alte Witwer eher von der Einsamkeit bedroht ist. Das ist zu beachten, wenn Trauergruppen für verwitwete Männer und Frauen angeboten werden. Denn Witwe ist nicht gleich Witwe und Witwer ist nicht gleich Witwer. Die nachfolgend skizzierten Vorschläge für Gruppenstunden mit verwitweten Männern und Frauen richten sich in erster Linie an jung Verwitwete mit heranwachsenden Kindern.

Ursprünglich orientierten wir uns in der Gruppenarbeit mit Verwitweten als roten Faden am Symbol des Baumes. Bäume, die beschnitten werden, umfallen, nebeneinander stehen. Unterschiedliche Stärken von Baumstämmen, Jahresringen, Rinde. Wurzeln, die Nahrung aufnehmen und Halt geben. All diese spirituellen und biologischen Punkte zogen wir damals heran, um Parallelen zur Trauer zu finden.

In den Gesprächen im Anschluss an die Gruppeneinheiten standen aber immer ganz andere Themen im Vordergrund. Es ging um die Sorgen mit den Kindern, die Belastung durch Haushalt, Finanzen, trauernde Schwiegereltern und auch um das Zurückstellen eigener Bedürfnisse.

Und so begannen wir, die Gruppentreffen mit alltagsnahen und situationsbezogenen Inhalten zu gestalten. Dabei war es hilfreich, dass ein vor einigen Jahren verwitweter Vater, der auch an Trauergruppen teilgenommen hatte, unser Leitungsteam bereicherte. Nach wie vor war uns ein »roter Faden« wichtig, der sich sowohl am Trauermodell von Worden als auch an einer bildhaften Themenstellung orientiert. So entstand die Idee »Das Haus, in dem ich lebe«. Man kann dabei über die gefühlte Farbe der Hausfassade sprechen, über die Familienmitglieder, die da einmal wohnten, über die, die dort aktuell zu Hause sind und die unterschiedlichen Angehörigen und Besucher.

Zu jedem Wohnraum fielen uns sofort Inhalte ein, die etwas mit unterschiedlichen Lebens- und Trauersituationen zu tun haben. Eingangsbereich und Hausflur, die Küche als Lebens-Mittelpunkt, das Badezimmer zur Psychohygiene, das Wohnzimmer als Fest- und Fernsehraum, Kinderzimmer und Schlafzimmer. Auch Dachboden, Keller, Arbeitszimmer und Garten eignen sich wunderbar für einen Austausch. Die Modelle für Trauergruppen mit verwitweten Männern und Frauen in diesem Kapitel beschreiben deshalb diesen Gang durch die Räume eines Hauses.

Da unsere Trauergruppen immer am Abend stattfinden, beginnen wir mit einem gemeinsamen Abendessen. Denn vorher galt es zu Hause, die Kinder dem Babysitter zu übergeben oder vom Arbeitsplatz zur Trauergruppe durchzustarten, sodass für das Essen keine Zeit blieb. Und nach der Gruppenstunde ist es für eine Mahlzeit meist zu spät. Jung verwitwete Eltern schätzen es, mit Menschen gleichen Alters an einem Tisch zu sitzen und sich auf Augenhöhe unterhalten zu können, ohne dem Kleinkind das Lätzchen umzubinden oder dem 14-Jährigen das Handy wegnehmen zu müssen. Einfach essen, genießen, reden und nach einem vollen Arbeitstag langsam runterkommen und in tiefere Gespräche einsteigen.

Die Texte, Fallbeispiele, Fragestellungen bis hin zur Raumdekoration sollten Männer und Frauen gleichermaßen ansprechen. Ein heterogenes Leitungsteam ist von Vorteil.

In meiner Arbeit ist es inzwischen zur guten Gewohnheit geworden, den Teilnehmenden am Ende des Abends ein kleines Geschenk mitzugeben, das sie im Laufe der kommenden Wochen an das Thema des Gruppentreffens erinnern kann. Die Mühe, die wir in die Auswahl der Mahlzeiten, der Themen und des »Andenkens« investieren, hat allein schon durch die gedankliche Auseinandersetzung eine positive Auswirkung auf die Beziehung mit der Gruppe.

Im Gegensatz zu den fortlaufenden Kinder- und Jugendtrauergruppen enden die Gruppen für verwitwete Eltern nach einem Jahr. Denn anders als Kinder und Jugendliche können Erwachsene aufgrund ihrer Lebenserfahrung erlernte Strategien und erworbene Erkenntnisse auch zukünftig bewusst einsetzen. Sie haben zudem die Möglichkeit, bei Bedarf und Interesse weitere Angebote wahrzunehmen oder im Austausch mit anderen Gruppenteilnehmern zu bleiben. Diese Möglichkeiten können Erwachsene selbstbestimmter wahrnehmen, als es Kindern möglich ist.

My home is my castle?

Hintergrund

Beim ersten Gruppentreffen ist häufig die emotionale Anspannung deutlich spürbar. Viele der Teilnehmenden sind es nicht gewohnt, vor anderen, und dann noch vor unbekannten Menschen über die eigene Trauer zu sprechen. Daher ist es wichtig, beim ersten Treffen schon beim Ankommen eine ruhige Atmosphäre und eine lockere Unterhaltung zu schaffen und z. B. direkt ein Getränk anzubieten. Neben dem Kennenlernen untereinander steht an diesem Abend das Trauergruppenkonzept mit dem Schwerpunkt »Veränderung unzähliger Alltagssituationen« im Vordergrund.

Material

- Tischdeko: Türschilder, verschiedene Haustürschlüssel, ein Herrenhut, ein Damenregenschirm
- kleine Nachttischlampen und Zeitschaltuhren als Geschenke in der Anzahl der Teilnehmenden

Ablauf

Gemeinsames Essen – 20 Minuten

Abendessen oder Snack am Tisch, dabei eine kurze Vorstellungsrunde, moderiert von der Gruppenleitung: Wie heiße ich, aus welcher Stadt komme ich, wie alt sind meine Kinder? Woran ist der Partner/die Partnerin verstorben?

Einstiegsritual – 10 Minuten

Der Gefühlswürfel geht mit der Frage um den Tisch: Mit welchem Gefühl bin ich heute das erste Mal hier?

In der gesamten Gruppe – 10 Minuten

Nach einer kurzen Einleitung zu der gesamten Trauergruppenreihe wird folgender Text vorgelesen:

My home is my castle

Mein Haus, meine Wohnung ist oder war bisher mein Rückzugsort, meine »Burg« … my home is my castle … Zuhause sein soll bedeuten, geborgen zu sein.

Hier leben Menschen, die ich liebe, mit denen ich mein Leben teile.

Hier sind die Räume, die ich, die wir uns eingerichtet haben. Räume, die alle einen Zweck erfüllen.

Zimmer, die eine bestimmte Gestaltung erfahren haben – vielleicht durch besondere Erlebnisse?

So war es, aber jetzt ist vieles anders.

Es ist nicht mehr dasselbe Leben im Haus; es fehlt jemand und dadurch hat sich das Gefüge verändert.

In jedem Zimmer sind Erinnerungen allgegenwärtig und damit manchmal auch Trauer und Leid. Ab und zu fühlt es sich so an, als sei alles voll davon.

Ist mein Haus noch mein Rückzugsort? Fühle ich mich noch geborgen, jetzt, wo alles anders ist?

Ja, aber es tut oft weh! Es tut weh, weil es hier in manchen Stunden keinen Rückzug vor der Erinnerung gibt und schon beim Ankommen im Flur die Einsamkeit – trotz der Kinder – spürbar ist.

Es ist immer noch mein Haus, meine Wohnung, aber es ist nicht mehr so wie vorher.

(Thomas Kirchner)

Die Teilnehmenden werden anschließend in Kleingruppen von 3–4 Personen aufgeteilt.

Austausch in Vierergruppen – 40 Minuten

In den Kleingruppen tauschen sich die Teilnehmenden über folgende Fragen bzw. jene Fragen aus, die sie besonders ansprechen:

- Welcher Name steht auf meinem Türschild? Ist der meines Partners/meiner Partnerin auch noch darauf zu lesen? Wenn ja, ist das o.k. so? Soll es geändert werden?
- Wer hat alles für mein Zuhause einen Schlüssel bekommen? Ist das o.k. für mich oder verliere ich dadurch viel Intimsphäre?
- Kenne ich trotz meiner Kinder im Haushalt ein Gefühl von Einsamkeit im Haus?
- Ist er/sie noch da? Im Haus? Im Herzen? Oder … weg?
- Fühle ich mich zu Hause geborgen oder bin ich am liebsten unterwegs?

Die Gruppenleitung achtet darauf, dass allen die gleiche Redezeit zur Verfügung steht.

In der gesamten Gruppe – 20 Minuten

Die Kleingruppen berichten, was sie besonders angesprochen und bewegt hat, und bringen offene Fragen in die große Runde ein.

Geschenk

Mit dem Hinweis, dass trauernde Eltern häufig sagen: »Wenn ich von der Gruppe hier nach Hause kommen, wartet niemand mehr auf mich, leuchtet kein Licht im Fenster«, bekommen die Teilnehmenden am ersten Abend eine kleine Lampe und eine Zeitschaltuhr für die Fensterbank geschenkt. »Niemand wartet auf mich« ist häufig der Ausdruck für die innere Verlassenheit, die spürbar wird, wenn man nach Hause kommt und der Partner fehlt. Wenn nun niemand oder weniger Menschen da sind, die sich um mich kümmern, dann kann ich beginnen, für mich zu sorgen, indem ich mir selbst ein Licht anzünde.

Abschlussritual – 10 Minuten

Der Gefühlswürfel geht mit den Fragen reihum:

- Was nehme ich aus diesem Treffen mit?
- Was mache ich jetzt anschließend oder bis morgen Abend noch Angenehmes?

Die Küche

Hintergrund

In vielen Familien ist die Küche der Lebensmittelpunkt. Hier nimmt man Mahlzeiten zu sich, hier treffen sich die Familienmitglieder. Am Küchentisch wird gemeinsam gegessen, es werden Gespräche geführt und die jüngeren Kinder machen ihre Hausaufgaben. Bekocht zu werden ist für viele mehr, als satt zu werden. Es bedeutet auch: versorgt, umsorgt zu werden und Tischgemeinschaft zu erleben. Die Küche ist ein Ort, an dem geliebt, gelebt, gelacht wurde bzw. wird – das ändert sich auch in Trauerzeiten nicht. Dennoch werden auch hier die Veränderungen deutlich spürbar. Das Essverhalten kann sich nach einem Todesfall verändern, vielleicht wird aus gesundheitlichen Gründen nur noch »bio« gekocht, da man hinter einer Krankheit falsches Essverhalten vermutet, vielleicht gibt es aus Zeitmangel nur noch Tiefkühlkost oder die Versorgung findet durch Großeltern und die Nachbarschaft statt.

Material

- Tischdeko: Küchenutensilien
- das Lied »Ich liebe meine Küche« von Reinhard Mey, ein Abspielgerät sowie den ausgedruckten Liedtext für alle Teilnehmenden
- kleine Maggiflaschen und/oder Pfefferstreuer in der Anzahl der Teilnehmenden

Ablauf

Gemeinsames Essen – 20 Minuten

Abendessen oder Snack am Tisch, Gespräche über Alltagsgeschehen, durch Trauerbegleiter unterstützt

Einstiegsritual – 10 Minuten

Der Gefühlswürfel geht mit den Impulsfragen reihum:

- Ist seit unserem letzten Treffen etwas geschehen, von dem ich hier kurz berichten möchte?
- Fiel mir in der letzten Zeit etwas schwer und ging mir etwas eher leichter von der Hand?
- Mit welchem Gefühl bin ich heute hier?

In der gesamten Gruppe – 10 Minuten

Die Gruppenleitung erläutert zum Einstieg die Bedeutung der Küche und spielt das Lied von Reinhard Mey »Ich liebe meine Küche« vor. Die Teilnehmenden erhalten den Liedtext. Jeder entscheidet selbst, ob er mitlesen oder erst nur zuhören möchte.

Danach werden Kleingruppen eingeteilt.

Austausch in Vierergruppen – 45 Minuten

Die Männer und Frauen tauschen sich über folgende Fragen bzw. jene, die sie besonders interessieren, aus:

- Löst das Lied etwas in mir aus? Amüsiert es, berührt es …?
- Gibt es ein Wort, eine Zeile, die mich anspricht?
- Etwas, was mich stört, irritiert?
- »unerträglich, chaotisch …« trifft das zu? Auf wen oder was? Oder gar nicht?
- Gab es feste Plätze am Esstisch? Haben die sich jetzt verändert?
- War die Küche Lebensraum? Ist die Küche Lebensraum? Welchen Stellenwert hat sie für dich im Haus insgesamt?
- Flogen mal die Teller? Wurde gestritten, versöhnt und geliebt?
- … warum wird jung Verwitweten immer eine gute Ehe nachgesagt?
- Fühlst du dich manchmal auch, als hättest du »einen Sprung in der Schüssel«?

- Haben sich Essgewohnheiten verändert? Esst ihr heute mehr gesundes »Bio« oder eher »Fastfood«, weil die Zeit nicht reicht?
- Gibt es in der Küche Erinnerungsgegenstände? Sachen, Lebensmittel, Gerüche?

In der gesamten Gruppe – 25 Minuten

Die Kleingruppen berichten kurz von ihren Gesprächen.

Die Gruppenleitung regt einen Austausch über die Frage an: Wie schafft man es als Alleinerziehende/r, neben Haushalt, Arbeit, Kindern auch noch zu trauern?

Geschenk

Für die manchmal faden Seiten im Trueralltag erhalten die Teilnehmenden eine kleine Flasche Maggi oder einen Pfefferstreuer, um dem eigenen Leben ab und zu etwas Würze zu geben.

Abschlussritual – 10 Minuten

Der Gefühlswürfel geht mit den Fragen reihum:

- Was nehme ich aus diesem Treffen mit?
- Was mache ich jetzt anschließend oder bis morgen Abend noch Angenehmes?

Das Wohnzimmer

Hintergrund

Das Wohnzimmer hat in den meisten Familien unterschiedliche Funktionen. Hier werden die Beine hochgelegt, man sitzt im Jogginganzug gemütlich vor dem Fernseher, es werden Familienfeste darin gefeiert und Freunde eingeladen. In langen Krankheitszeiten steht oft das Pflegebett in diesem Raum.

Ist das Wohnzimmer auch in Trauerzeiten noch ein Raum des Rückzugs, des Beisammenseins oder der Feier?

Material

- Auf dem Tisch liegt »Wohnzimmerkram«: Film-DVDs, Musik-CDs, Chips, Sofakissen, Bügeleisen, Blumenvase mit Blumen u. Ä.
- ein Staubtuch und eine Blume für jede/n Teilnehmer/in

Ablauf

Gemeinsames Essen – 20 Minuten

Abendessen oder Snack am Tisch, Gespräche über Alltagsgeschehen, durch Trauerbegleiter unterstützt

Einstiegsritual – 10 Minuten

Der Gefühlswürfel geht mit den Impulsfragen reihum:

- Ist seit unserem letzten Treffen etwas geschehen, von dem ich hier kurz berichten möchte?
- Fiel mir in der letzten Zeit etwas schwer und ging mir etwas eher leicht von der Hand?

- Mit welchem Gefühl bin ich heute hier?

In der gesamten Gruppe – 30 Minuten

Die Gruppenleitung führt in das Thema des Abends ein und spricht über die Bedeutung des Wohnzimmers.

Folgende Fragen regen einen Austausch in der Gruppe an:

- Ist das Wohnzimmer noch ein »Wohn«-Zimmer mit einer Gemütlichkeit?
- Habe ich Zeit für Gemütlichkeit, mit mir alleine und meinem Kind, den Kindern? Oder steht da nur noch der Wäschekorb rum?
- Sehe ich das Pflegebett noch in der Ecke stehen? Rieche ich noch einen Hauch von Krankheit?
- Kommen noch Freunde zu Besuch? Wen will ich überhaupt zu Besuch haben?
- Werde ich noch in andere Wohnzimmer eingeladen? Fühle ich mich ab und zu wie das fünfte Rad am Wagen?
- Gibt es neue Freunde?

Nach ungefähr einer halben Stunde wird folgende »Wohnzimmer-Geschichte« vorgelesen:

Der ungebetene Gast

Die Trauer ist ein unerwarteter, ungebetener Gast.

Eines schönen Tages klopft sie an deine Tür und fragt nicht erst, ob sie hereinkommen darf, sondern sie setzt sich mitten in dein Wohnzimmer und macht es sich bequem und gemütlich.

Am Anfang denkt man sich: »Nun gut, irgendwo muss sie ja sein« und bleibt gastfreundlich. Doch dann kommt der Punkt, wo man sich denkt »Nun könnte sie aber mal langsam wieder gehen …« und versucht, mit allerlei diplomatischen und weniger diplomatischen Mitteln sie dazu zu bringen, aufzustehen und sich zu verabschieden, weil man gern mal wieder für sich sein möchte.

Aber nein, sie hockt da, stumm und unversöhnlich und bewegt sich kein Stück.

Man versucht, sie rauszuzerren, rauszuekeln – aber sie sitzt da einfach.

Jeden Tag versucht man es wieder, doch wie ein Sack nasser Zement thront sie auf deinem Sofa und schaut dir die ganze Zeit über die Schulter.

Du fühlst dich beobachtet und unwohl – und sie? Sie sitzt einfach da.

Und schweigt.

Und wartet.

Und du weißt nicht mal worauf, geschweige denn, wie lang.

Und noch ein Tag und wieder ein Versuch, sie zum Gehen zu bewegen.

Herrgott! In unserer modernen Welt sollte es doch möglich sein, der Lage Herr zu werden!

Aber nein, dieses Ding hockt da wie eine Spinne im Netz und wartet.

O.k., raus will sie nicht.

Also fängst du an, dich an sie zu gewöhnen.

Stellst den Tisch ein bisschen weiter da und den Stuhl ein bisschen weiter dort – und nun sitzt sie zwar noch immer da, aber nicht mehr in der Mitte.

Aha, denkst du dir! Ich kann sie nicht zum Gehen bewegen – aber ich kann mich um sie herumbewegen. Ein bisschen Möbel umstellen, ein bisschen Perspektive wechseln und schon sieht sie nicht mehr so bedrohlich aus. Tatsächlich kannst du sogar um sie herumgehen und sie von hinten anschauen – unspektakulär. Weitere Tage vergehen und sie setzt schon langsam ein bisschen Staub an, bis sie sich plötzlich wieder einmal schüttelt, eine Trauer-Staubwolke aufsteigt und dich einhüllt.

Du stellst den Tisch noch ein bisschen mehr nach dort und den Stuhl noch ein bisschen mehr nach da, und auf einmal ist sie nur noch der Rand deines Wohnzimmers und nicht mehr das Zentrum.

Aber sie sitzt noch immer da.

Manchmal wirft sie dir einen vorwurfsvollen Blick zu und du fühlst dich versucht, sie wieder in die Mitte auszurichten.

Manchmal schüttelt sie sich und hüllt dich in eine Staubwolke ein …

Aber irgendwann ist sie seitlich so eins geworden mit deinem Wohnzimmer, dass du sie nicht einmal mehr siehst … außer wenn sie sich grad einmal schüttelt.

Und so hast du aus der Not eine Tugend gemacht und mit dem ungebetenen Gast, der nicht mehr gehen wollte, eine ganz neue Perspektive in dein Leben gebracht.
(Jacqueline Beringer)

Austausch in Vierergruppen – 40 Minuten

Impulsfragen zur Geschichte:

- Erkenne ich die Trauer aus der Geschichte wieder?
- »Eines schönen Tages …«, so beginnt die Geschichte. Ärgert mich so ein Satzanfang, da der Tag wahrscheinlich alles andere als »schön« war?
- Ist in unserem Wohnzimmer die Trauer der Mittelpunkt oder sperre ich sie dort aus?
- Habe ich mich schon an die Trauer gewöhnt?
- Haben sich Freunde an den neuen »Hausgast« gewöhnt?
- Kontrolliert die Trauer mich oder kontrolliere ich sie?
- Kenne ich das, dass Trauer mich unvermutet einhüllt?
- Was wäre, wenn ich eine Stauballergie hätte?
- Ist es mir peinlich, wenn Besucher den Trauerstaub bei uns vorfinden?

In der gesamten Gruppe – 20 Minuten

Die Teilnehmenden berichten gegebenenfalls aus den Kleingruppen. Die Gruppenleitung gibt folgenden Gesprächsimpuls in die Runde: Wünschst du dir, dass die Trauer eines Tages eins mit deinem Wohnraum bzw. dir wird oder wirst du dein Haus auf immer »staubfrei« bekommen?

Geschenk

Alle erhalten ein Staubtuch und eine Schnittblume für den Wohnzimmertisch, als Erinnerung daran, inmitten der Traurigkeit gut für sich zu sorgen.

Abschlussritual – 10 Minuten

Der Gefühlswürfel geht mit den Fragen reihum:

- Was nehme ich aus diesem Treffen mit?
- Was mache ich jetzt anschließend oder bis morgen Abend noch Angenehmes?

Das Kinderzimmer

Hintergrund

Jung verwitwete Eltern machen sich oft mehr Gedanken um das Wohl ihrer Kinder als um ihr eigenes. Sie stellen ihre Traurigkeit zurück, um für ihre Kinder »voll« da zu sein. An diesem Abend sollen ihre Elterngedanken und -sorgen in den Blick genommen und das Verstehen der Trauer von Kindern und Jugendlichen erweitert werden.

Material

- Tischdeko: selbst gestaltete Friedhofskerze, Mikadospiel, Legosteine, Bierflasche, Schulzeugnis, Foto von einer von einem Kind gestalteten Gedenk-Ecke
- ein Mikadospiel für jede/n Teilnehmer/in
- Kopien in der Anzahl der Teilnehmenden (Kopiervorlage »Todesverständnis«)

Ablauf

Gemeinsames Essen – 20 Minuten

Abendessen oder Snack am Tisch, Gespräche über Alltagsgeschehen, durch Trauerbegleiter unterstützt

Einstiegsritual – 10 Minuten

Der Gefühlswürfel geht mit den Impulsfragen reihum:

- Ist seit unserem letzten Treffen etwas geschehen, von dem ich hier kurz berichten möchte?

- Fiel mir in der letzten Zeit etwas schwer und ging mir etwas eher leicht von der Hand?
- Mit welchem Gefühl bin ich heute hier?

In der gesamten Gruppe – 25 Minuten

Nach einer kurzen Einleitung und Hintergrundinformation zum Kinderzimmer gibt die Gruppenleitung einen kurzen Überblick über das Todes- und Verlustverständnis von Kindern und Jugendlichen (Kopiervorlage):

Säuglinge und Kleinkinder bis zum 3. Lebensjahr erleben Verluste, kennen Verlassenheit, sie reagieren auf Stimmungen, erleben Wut, Zorn und Angst. Mit dem Begriff »tot« oder »für immer getrennt« können sie jedoch nichts anfangen, sie denken nur: »Da ist jetzt jemand weg.« Deshalb stellen sie Warten-und-Suchen-Fragen wie: »Wann kommt Oma wieder?«

Haben Kinder selbst Trost in einer traurigen Situation erfahren, kann auch schon ein zweijähriges Kind trösten. Der Umgang mit Trauer und Trost wird schon von klein auf gelernt.

Kindergartenkinder (3 bis 5 Jahre) stellen Fragen, haben das Bedürfnis, den Tod zu erforschen. Dabei zeigen sie wenig äußere Gefühlsregungen, eher eine Sachlichkeit. Empathie und Emotionalität wird ebenfalls im gemeinsamen Erleben und anhand von Lebenssituationen gebildet.

Kleine Kinder glauben, der Tod oder eine endgültige Trennung stößt anderen zu – sie selbst, Mama und Papa sind noch nie gestorben oder getrennt gewesen und werden es auch nicht sein. Ihre bisherige Erfahrungswelt lässt diesen Gedanken gar nicht zu. Für Jungen und Mädchen im Kindergartenalter ist eine lebensgefährliche Krankheit unverständlich, wenn Symptome nicht sichtbar sind. Die Endgültigkeit des Todes wird nicht begriffen.

Kinder im Grundschulalter bis ca. zum 12. Lebensjahr wissen, dass Tod und Scheidung realistisch sind, dennoch begreifen sie noch lange nicht die tatsächliche Endgültigkeit. Das setzt erst mit dem 12. Lebensjahr oder später ein. Ab ungefähr acht Jahren fangen Kinder an zu begreifen, dass jeder, auch sie selbst, sterben muss, dass Elternbeziehungen getrennt werden können.

Gleichzeitig übernehmen sie den Gedanken, dass tote Menschen nichts mehr spüren, sie setzen den Tod mit Dunkelheit und Bewegungslosigkeit gleich.

Sie fühlen oft eher mit den trauernden Angehörigen mit, als um die Verstorbenen zu trauern, weil sie die Information »zu alt«, »zu krank« oder »ein schlimmer Unfall« sachlicher, für sich logisch übernehmen und die emotionale Bandbreite nicht überschauen. Langsam differenzieren sich bei ihnen die Begriffe Körper, Geist und Seele heraus, sofern sie in ihrer Umgebung benannt werden.

In der Pubertät verstehen Jugendliche den Tod als ein abschließendes und unausweichliches Ereignis. Kognitiv überblicken sie auch die Gründe für eine Trennung. Ähnlich wie Erwachsene stellen sie Warum-Fragen und Sinnfragen für das eigene Leben. Das, was sie bisher erfahren haben und was ihnen vermittelt wurde, nehmen sie als Grundlage in ihr weiteres Leben mit.

Dieses Verständnis erklärt auch oftmals die Trauerreaktionen der Kinder. Denn sie können nur um das trauern, was sie auch wirklich verstehen. Ein fünfjähriges Kind kann sich nicht vorstellen, dass Mama nicht wiederkommt, ist jedoch traurig darüber, dass Mama *jetzt* nicht da ist. Ein 15-Jähriger kann sich die zeitliche Dimension eher vorstellen, weiß daher darum, dass er sich für einen Streit nicht mehr persönlich entschuldigen kann, und erkennt vielleicht auch die Überforderung des Vaters in der neuen Situation. Allein aufgrund des unterschiedlichen Verständnisses reagieren Kinder innerhalb einer Familie unterschiedlich.

In der gesamten Gruppe können Fragen gestellt und Gedanken und Erfahrungen ausgetauscht werden.

Austausch in Vierergruppen – 30 Minuten

Die Teilnehmenden gehen mit folgenden Fragen in die Kleingruppe:

- Gibt es im Kinderzimmer eine Mama-/Papa-Erinnerungsecke? Bin ich für eine Erinnerungsecke zuständig?
- Braucht es die im Kinderzimmer? Oder in einem anderen Wohnraum?

- Welche Sorgen, Fragen habe ich?
- Zeigen meine Kinder mir ihre Trauer?
- Darf ich vor ihnen traurig sein?
- Welchen Umgang mit Trauer lebe ich ihnen vor?
- Pubertät und Trauer: Was geht da ab? Alkohol? Zigaretten? Gespräche oder Rückzug?

In der gesamten Gruppe – 20 Minuten

Was hat euch besonders bewegt bzw. angesprochen? Habt ihr noch Fragen in die große Runde mitgebracht?

Geschenk

Die Teilnehmenden erhalten ein Mikado-Spiel als Erinnerung an die Tatsache, dass Kinder die Gabe haben, im Hier und Jetzt zu leben, zu lachen und auch zu trauern. Sie sind jetzt traurig, weil sie Papa vermissen, und denken kurze Zeit später nicht mehr daran, weil sie mit einem Freund Fußball spielen. Es hält Kinder psychisch gesund, wenn sie nicht durchgehend trauern, sondern sich – entwicklungsbedingt – Auszeiten nehmen. Wir dürfen uns als Erwachsene daran ein Beispiel nehmen und unsere Trauer ab und zu auf die Seite legen. Wenn wir dann mit unseren Kindern z. B. Mikado spielen und wirklich vorhaben, zu gewinnen, dann werden wir in den Momenten des Spiels keine Trauer spüren. Zugleich werden emotionale Bindungen durch gemeinsame Aktionen gestärkt.

Abschlussritual – 10 Minuten

Der Gefühlswürfel geht mit den Fragen reihum:

- Was nehme ich aus diesem Treffen mit?
- Was mache ich jetzt anschließend oder bis morgen Abend noch Angenehmes?

Das Badezimmer

Hintergrund

»Ach, ich komme schon alleine damit klar. Hauptsache, den Kindern geht es gut!«, ist eine typische Aussage von verwitweten Eltern. Dennoch ist es wichtig, darum zu wissen, dass Väter und Mütter bei der Mehrfachbelastung von Trauer, Erziehung, Haushalt und Arbeit Sorge für ihren Körper und ihre Seele tragen. Eltern, die alles nur geben und sich selbst nichts nehmen, werden sich eines Tages leer fühlen.

Material

- als Tischdeko anstelle eines Tischläufers ein Handtuch, auf dem Seife, Dusch- und Schaumbad, eine Creme und ein Deodorant liegen
- verschiedene Teesorten mit Aufschriften wie »Hol dir Kraft«, »Entspannung« usw.
- Arbeitsblätter mit Fragen zur Selbstfürsorge in der Anzahl der Teilnehmenden (Kopiervorlage »Selbstfürsorge«)

Ablauf

Gemeinsames Essen – 20 Minuten

Abendessen oder Snack am Tisch, Gespräche über Alltagsgeschehen, durch Trauerbegleiter unterstützt

Einstiegsritual – 10 Minuten

Der Gefühlswürfel geht mit den Impulsfragen reihum:

- Ist seit unserem letzten Treffen etwas geschehen, von dem ich hier kurz berichten möchte?
- Fiel mir in der letzten Zeit etwas schwer und ging mir etwas eher leicht von der Hand?
- Mit welchem Gefühl bin ich heute hier?

In der gesamten Gruppe – 20 Minuten

Die Gruppenleitung stellt das Badezimmer als einen Raum vor, in dem es in erster Linie um die körperliche Hygiene geht. Man wäscht sich die Hände, um sie zu reinigen, lässt Wasser über das Handgelenk laufen, um sich zu erfrischen. Auch die Dusche oder Badewanne hat den Zweck der Körperpflege und so stellt sich bei diesem Gruppentreffen die Frage:

Wenn das Badezimmer auch eine Nische hätte, die für die seelische Hygiene eingerichtet wäre, was sollte dann dort im Angebot sein? Was sollte dann im Regal stehen? Was bräuchte die Seele anstelle von Händewaschen, duschen, baden, eincremen und parfümieren?

Innerhalb der gesamten Gruppe folgt ein kurzer Austausch dazu.

Austausch in Vierergruppen – 40 Minuten

In den Kleingruppen erhalten die Teilnehmenden die Fragen zur Selbstfürsorge (Kopiervorlage), die sie zunächst für sich selbst beantworten. Danach folgt ein Austausch darüber.

- Achte ich auf meine körperlichen Grundbedürfnisse wie Schlaf, Bewegung und Ernährung?
- Kümmere ich mich um mein Äußeres wie Kosmetik, Frisur und Kleidung?
- Gehe ich mit Genussmitteln bewusst um?
- Gönne ich mir Pausen bei der Arbeit und im Alltag, um Energie aufzutanken?
- Achte ich auf Zerstreuung, neue Kontakte und interessante neue Impulse, um die Lebensfreude zu aktivieren?
- Erlebe ich Gemeinschaft, Nähe, Berührung, Zärtlichkeiten?
- Erlebe ich durch die Trauersituation Druck von außen?
- Mache ich mir selbst Druck?

- Erlaube ich mir Hobbys und andere Dinge, die mir persönlich wichtig sind?

In der gesamten Gruppe – 15 Minuten

Was hat euch besonders bewegt bzw. angesprochen?
Habt ihr noch Gedanken in die große Runde mitgebracht?

Geschenk

Die Teilnehmenden suchen sich zwei bis drei Beutel der Teesorten aus, deren Name sie anspricht. Damit Lebensfreude und Lebendigkeit beibehalten werden oder wieder zu uns zurückkehren, ist es wichtig, sich bewusst zu machen, dass wir für uns selbst sorgen müssen und dürfen. Der Tee soll ein Zeichen für Geschmack, Gesellschaft, Auszeit, Genuss, Gesundheit und Entspannung sein.

Abschlussritual – 10 Minuten

Der Gefühlswürfel geht mit den Fragen reihum:

- Was nehme ich aus diesem Treffen mit?
- Was mache ich jetzt anschließend oder bis morgen Abend noch Angenehmes?

Das Schlafzimmer

Hintergrund

Wenn dem Tod eine lange Krankheitsphase vorausgeht, spielt die Frage nach einer neuen Beziehung manchmal schon zu Lebzeiten des Partners/der Partnerin eine Rolle.

Die einen haben schon vor dem Tod mit dem Partner darüber gesprochen, für die anderen war das undenkbar. Die einen können sich erst einmal keine neue Lebensgemeinschaft mehr vorstellen, andere sehnen sich danach. Das Umfeld wünscht dem Verwitweten oft eine neue Beziehung, auch als Zeichen dafür, dass der/die Trauernde über die Trauer »endlich hinweggekommen« ist. Gleichzeitig hört dann der »Trauer-Schutz« in der Umgebung auf, weil sich die Außenwelt nun nicht mehr verantwortlich fühlt. Die Verwitweten geraten unter Druck, entweder weil sie früh eine neue Beziehung eingehen oder weil sie noch lange kein Interesse an einer Partnerschaft haben. All diese Fragen werden bei diesem Gruppentreffen mithilfe des Bildes vom Schlafzimmer thematisiert.

Material

- Geschenk: Weingummifrösche, Weingummiherzen
- für ein Familienmobile: Holzstab, vier Spielfiguren (Playmobil oder andere Puppenhaus-Spielfiguren) für Vater, Mutter, Sohn und Tochter, Bänder/Schnur zum Befestigen

Ablauf

Gemeinsames Essen – 20 Minuten

Abendessen oder Snack am Tisch, Gespräche über Alltagsgeschehen, durch Trauerbegleiter unterstützt

Einstiegsritual – 10 Minuten

Der Gefühlswürfel geht mit den Impulsfragen reihum:

- Ist seit unserem letzten Treffen etwas geschehen, von dem ich hier kurz berichten möchte?
- Fiel mir in der letzten Zeit etwas schwer und ging mir etwas eher leicht von der Hand?
- Mit welchem Gefühl bin ich heute hier?

In der gesamten Gruppe – 10 Minuten

Die Gruppenleitung spricht darüber, dass sich viele Verwitwete Gedanken zu einer neuen Partnerschaft machen. Dafür steht an diesem Abend das Schlafzimmer, es ist ein intimer Raum, der bei Wohnungsführungen den Gästen oft nicht gezeigt wird.

Es ist der Raum, in dem wir wahrscheinlich mit dem Verstorbenen viel Zeit verbracht haben.

In diesem Raum spürten wir vielleicht zuallererst die Leere, die Beziehungs-Leere, die der Tod in unserem Leben geschaffen hatte.

Es ist bzw. war neben dem Ort des Schlafens auch ein Ort für Gefühle, Liebe, Erotik, Sex, sicher auch ein Ort der Erschöpfung und manchmal der Sprachlosigkeit.

Und schon in Krankheitszeiten oder auch erst später kam oder kommt die Frage auf: »Kann ich mir eine neue Beziehung vorstellen?«

Austausch in Vierergruppen – 40 Minuten

Die verwitweten Eltern gehen mit folgenden Fragen in die Kleingruppe:

- Wie lange bin ich eigentlich verheiratet bzw. an das Eheversprechen gebunden? Bis dass der Tod uns scheidet – oder länger? Wie viel länger?
- Ab wann ist es »erlaubt«, sich für eine neue Partnerschaft zu öffnen oder sogar eine einzugehen? Erlaube ich es mir, bin ich schon so weit, komme ich überhaupt dahin, oder ist dieses Kapitel für mich auf Dauer beendet?
- Kann man seinen toten Partner betrügen?
- Gibt es Erwartungen von außen? Von Freunden oder von Schwiegereltern?

- Würde/könnte ich selber in einem anderen Bett schlafen, in dem der vorherige Partner gelegen hat oder gar gestorben ist? Könnte ich einen neuen Partner dort schlafen lassen?
- Gäbe es bei mir eine Prioritätenliste: zuerst die Kinder, dann der neue Partner?
- Weiß ich noch, wie flirten geht?
- Hat ein neuer Partner/eine neue Partnerin bei mir eigentlich eine realistische Chance? Vergleiche ich ihn mit dem verstorbenen Partner? Wie hoch ist dabei die Messlatte?
- Kann ich meinen Kindern einen neuen Partner/eine neue Partnerin zumuten?

In der gesamten Gruppe – 30 Minuten

Die Kleingruppen berichten, was sie besonders bewegt und angesprochen hat, und stellen offengebliebene Fragen.

Zum Abschluss erklärt die Gruppenleitung anhand eines Familienmobiles, wie eine neue Partnerschaft die Familiendynamik beeinflusst. Dieses Beispiel macht augenscheinlich, wie sich ein Familiensystem bei einem Verlust und auch bei dem Dazugewinn eines lieben Menschen verändert. Und dass Zeit, Geduld und Teamarbeit notwendig sind, wenn eine neue Partnerschaft eingegangen wird.

Vier Spielfiguren (sie stehen für Vater, Mutter, Sohn und Tochter) sind mit Bändern an einem Holzstab befestigt. Ein Faden in der Mitte dient dazu, das Mobile zu halten. Alle Figuren werden so zurechtgerückt, dass das Mobile in Balance kommt.

Familien versuchen immer, auch in Krisenzeiten, eine Balance zu halten. Wird etwa die Mutter krank, ändern die anderen Familienmitglieder ihr Verhalten. Die Mutter kann z. B. weniger im Haushalt mitarbeiten und rutscht daher in eine andere Position. Der Vater ändert seine Position, da er nun eher nach Hause kommt, um seine Frau zu unterstützen. Die Kinder verändern ebenfalls etwas ihren Patz, da sie sich nun mehr an Hausarbeiten beteiligen.

Die Gruppenleitung versinnbildlicht dieses Beispiel, indem sie eine Figur am Holzstab verschiebt: Das Mobile wird instabil. Dann verschiebt sie die anderen Figuren, bis das Mobile, die Familie, wieder »im Lot« ist.

Wenn nun die Mutter stirbt, wird die Figur vom Holzstab gezogen. Die Gruppenteilnehmenden sehen, wie das Mobile in eine totale Schräglage kommt. Nach dem Tod wird es eine Weile dauern, bis die Familie wieder ein neues Gleichgewicht findet. Wenn irgendwann eine neue Partnerin in die Familie kommt, verändert sich das Gefüge erneut, das Familienmobile wird wieder instabil, solange, bis alle Beteiligten ihren neuen Platz gefunden haben.

Fallbeispiel

Lena ruft an. Ihre Mutter ist vor drei Jahren verstorben, sie selbst ist 13, ihre Schwester 10, der Vater ist 37 Jahre alt. Nun hat er eine neue Freundin. Lena findet sie nett. Aber, »… irgendwie«, sagt sie, »irgendwie brauchen wir sie auch nicht. Papa und wir Kinder waren doch auch alleine ein gutes Team. Sie ist nett und trotzdem, sie stört irgendwie.« Lena versteht die Welt nicht mehr.

Ich zeige ihr ein Familienmobile, das in der Balance gerade hängt. Familien versuchen immer, in der Balance zu bleiben. An einer Stange hängen vier Personen an einem Faden: auf der linken Hälfte die Mutter und ein Kind, auf der rechten Seite der Vater und ein Kind.

Nun wird die Mama krank und rutscht dadurch auf der Stange etwas weiter nach links. Um in der Balance zu bleiben, rutscht auch der Vater etwas nach rechts. Das heißt, er schaut nicht zu, wie Mama »abrutscht«, sondern übernimmt etwas. Vielleicht mehr Arbeit im Haushalt oder das Ins-Bett-Bringen der Kinder. Und dann stirbt die Mama eines Tages. Ich ziehe Mama von der Stange und sofort bekommt das Mobile eine totale Schieflage. So sieht es tatsächlich in Familien oft aus, wenn ein Mitglied stirbt. Chaos, Krise. Aber nun versuchen Papa und die beiden Mädchen, die Familie wieder in Balance zu bringen. Alle strengen sich an und sie arbeiten tatsächlich als gutes Team zusammen. Es funktioniert, die Balance ist hergestellt. Nun sagen die Leute drumherum: »So eine nette Familie. Da fehlt jetzt nur noch eine nette Frau, die mit dem netten Mann und den netten Mädchen zusammenlebt.« Und, welch ein Wunder! Da kommt die nette Tina daher, der Papa verliebt sich in sie, die Mädchen finden sie nett. Aber als sich Tina mit an die Holzstange hängt, da wird deutlich, dass man manchmal nicht nur Hilfe benötigt, wenn jemand in einer Familie stirbt, sondern vielleicht auch, wenn jemand Neues dazukommt.

Geschenk

Die Teilnehmenden erhalten eine gemischte Tüte mit Weingummifröschen und Weingummiherzen als Zeichen für die Traumprinzessin oder den Traumprinzen, die man hatte und denen man vielleicht neu begegnen wird.

Abschlussritual – 10 Minuten

Der Gefühlswürfel geht mit den Fragen reihum:

- Was nehme ich aus diesem Treffen mit?
- Was mache ich jetzt anschließend oder bis morgen Abend noch Angenehmes?

Männertrauergruppen

»Mama, müssen Männer immer zuerst sterben?«, fragte mich vor 13 Jahren unser Sohn Matthias, da war er grade zehn Jahre alt. Er erlebte durch meine Arbeit immer wieder, dass hauptsächlich Frauen nach Hilfe fragten. Sein Fazit: Männer, und wahrscheinlich auch er, leben kürzer. Also ist es gefährlich, Mann zu sein. Ich erklärte ihm, dass Männer meistens nicht nach Unterstützung fragen, weil sie oft Hilfe von Mutter, Schwiegermutter und Nachbarinnen angeboten bekommen. 2002 habe ich das als Familientrauerbegleiterin noch so erlebt, doch dieser Eindruck hat sich in den letzten Jahren deutlich verändert. Zunehmend fragen auch verwitwete Männer nach Familientrauerbegleitung. Sie stehen heute als Familienväter stärker in der Erziehungsverantwortung und möchten diese auch in der neuen Situation selbstständig weiterführen.

Ich lerne Frank kennen, dessen Frau im Sterben liegt. Im Gespräch erzählt er von seinen Ängsten und Unsicherheiten im Umgang mit der Trauer und in Bezug auf seine Partnerin. Ich schlage ihm vor, sich mit Thomas, einem Witwer und Vater zweier Kinder, zu treffen. Dieser hat angeboten, über seine eigenen Erfahrungen zu sprechen, damit Frank nicht in eine »Trauersackgasse« läuft, weil er keine Möglichkeit zum Austausch hat. So entstand 2011 die erste kleine Männertrauergruppe und die Idee, dies in einem größeren Rahmen anzubieten.

Die Frage nach dem Namen für die Gruppe hat uns sehr beschäftigt. Männertrauergruppe? Passt das? Hört sich das nicht nach einem Haufen »Softies« an, was auch schon wieder ein Vorurteil ist? Nach längerem Überlegen haben wir uns für die Bezeichnung »Männertrauerstammtisch« entschieden. Mit diesem Namen war direkt klar, dass dort weder Glückskekse gegessen noch Beruhigungstees getrunken werden, und so bedienten wir uns an weiteren Klischees und nannten es »Männertrauerstammtisch mit Currywurst und Bier«.

Die Gruppe wurde direkt gut angenommen. Jedoch kennen die Teilnehmer hier wie in anderen Gruppen jemanden aus dem Leitungsteam. Die Beziehung spielt bei Anmeldungen zu einer Gruppe eine große Rolle. Kaum eine Gruppe wird durch eine Zeitungsanzeige zustande kommen. Die Auseinandersetzung mit der Trauer ist vielen fremd und unangenehm, auch eine unbekannte Gruppe schafft anfangs Unsicherheit. Eine vertraute Person dort zu treffen, die Halt bietet, kann von großer Bedeutung sein, ob Gruppen zustande kommen.

Um den Namen »Männertrauerstammtisch mit Currywurst und Bier« aufzugreifen, gibt es als Essen tatsächlich jedes Mal das Essen in einer Currywurstschale, dazu diverse Getränke und gesprächsanregende Fragen, die auf Bierdeckel geschrieben wurden. Die Bierdeckel können an vielen Abenden auch als Tischdekoration dienen, wenn man die Entwürfe der Bierdeckel beachtet. Die Werbeslogans und Fotos auf manchen Bierdeckeln können sogar

ein eigenes Thema sein. Wie z. B. dieser: »Der Pessimist sagt: »Das Glas ist halb leer.« Der Optimist: »Aber nicht mehr lange.«

Gäste von außen einzuladen, schafft interessante Begegnungen auf informativer und emotionaler Ebene. Zu einem Männertrauerstammtisch haben wir den Chef der Volksbank Ruhr Mitte eingeladen. Die Fragen des Abends waren: Was hat mir als trauernden Mitarbeiter und Arbeitnehmer in meinem Unternehmen gutgetan? Wie erging es mir als Trauerndem mit meinem Kundenberater der Bank oder Versicherung? Was hätte ich mir gewünscht? Was war unnötig? Was ist vom Unternehmen her leistbar?

Erwin Kremers, ehemaliger Schalke-Fußballer und Nationalspieler, war auch schon zu Gast und verglich Trauerarbeit mit Fußballtraining. Er meinte: »Trauer bewältigen ist anstrengend, ist Arbeit. Willst du etwas erreichen oder verändern, musst du dafür trainieren, dich anstrengen. Ja, auch mal Pausen machen, aber nur hinsetzen und abwarten macht dich nicht körperlich fitter oder emotional glücklicher.«

Männer zeigen keine Gefühle? Männer wollen nicht darüber reden? Das stimmt nicht. Das erlebe in meiner Praxis anders. Aber möglicherweise sprechen die Trauerangebote oder deren Ausschreibungen die männlichen Trauernden nicht an, weil häufig der »normale« Umgangston fehlt. Männer tauschen sich in Trauergruppen aus, sie fragen und reden. Sie weinen, lachen und hauen auf den Tisch. Und sie brauchen klare Regeln, z. B. solche, die besagen, dem anderen nicht ins Wort zu fallen und den anderen nicht zu bewerten, weil er anders trauert. Und vor allen Dingen benötigen Männer eine deutliche Vorgabe, nicht zu lange zu reden. So oft unterdrücken sie ihre Gefühle im Alltag und so häufig werden ihnen in ihrem Umfeld die Empfindungen aberkannt, dass es schnell geschehen kann, dass sie, wenn sie einmal erkennen, wie wertvoll ein unbeschwerter Austausch in ähnlicher Runde sein kann, nicht mehr aufhören möchten zu sprechen.

Ein Indianer kennt keinen Schmerz

Hintergrund

William J. Worden betont, wie wichtig es ist, die Vielfalt von Gefühlen zuzulassen. Dazu gehört es auch, Traurigkeit und Schmerz in all ihren Facetten zuzulassen und dafür einen Ausdruck in Wort, Bewegung, Haltung, Gefühl etc. zu finden. Aufgrund unserer noch immer prägenden geschlechtsspezifischen Sozialisation, die sich auch in Redewendungen wie »Ein Indianer kennt keinen Schmerz« ausdrückt, ist das für Männer oft schwierig. Es ist deshalb interessant, sich in einer Männergruppe mit solchen Redewendungen auseinanderzusetzen und zu überprüfen, inwieweit sie die eigene Haltung prägen.

Mit dem Fallbeispiel ist es mir wichtig, die Gruppenteilnehmer zu berühren, denn das, was Lukas beschreibt, kennt fast jeder Mensch, Männer sicher noch mehr als Frauen. Gespräche, in denen emotionale Berührung sein darf, werden sicher eine andere Intensität bekommen als jene, die allein auf sachlicher Ebene geführt werden. Für eine gute Balance zwischen Erfahrung, fachlicher Information, Berührung und Nebensächlichkeit zur Entspannung ist die Gruppenleitung auch mit ihrer Moderation zuständig.

Material und Vorbereitung

- Papiertaschentücher mit neutralen oder eher »männlichen« Motiven
- das Lied »Männer« von Herbert Grönemeyer und ein Abspielgerät
- ausgedruckter Liedtext für alle Teilnehmer

Neutrale Bierdeckel oder solche, die genügend Platz bieten, um kurze Sätze daraufzuschreiben, werden vorbereitend mit folgenden Redewendungen und Aussagen versehen.

- Ein Indianer kennt keinen Schmerz.
- Du bist jetzt der Mann im Haus.
- Ein Junge weint nicht.
- Was uns nicht tötet, härtet uns ab.
- Sei ein ganzer Mann!
- Zähne zusammenbeißen und durch!
- Du wirst doch wohl nicht heulen!
- Mann oder Memme?

Diese Bierdeckel liegen von Beginn an auf dem Tisch und werden als Untersetzer für die Getränke benutzt.

Weitere Bierdeckel werden mit Fragen beschriftet:

- Weinen Männer heimlich?
- Brauchen Männer in Trauerzeiten viel Zärtlichkeit?
- Sind Männer verletzlich oder hart im Nehmen?
- Baggern Männer in Trauerzeiten wie blöde, um sich abzulenken?
- Haben eure männlichen Vorbilder Gefühle zugelassen? Welche?
- Warum sind Männer einsame Streiter?
- Brauchen Männer eine Schulter, um sich anzulehnen, oder wo holen sie sich Trost?
- »Männer sind schon als Baby blau …« – Alkohol als Schmerzmittel?
- Helfen Witze gegen Sentimentalität oder Tränen?
- Ich mach das wie mein Vater, ich mache es mit mir selbst aus.
- So wie du jetzt trauerst, lehrst du deine Kinder und Enkelkinder, wie Männer trauern.
- Männliche Trauerstärken: 1. … 2. … 3. …
- Die Top-TVS (Trauervermeidungsstrategien)?

Ablauf

Einstiegsritual – 10 Minuten

Der Gefühlswürfel geht mit der Frage um den Tisch: Wie geht es mir seit dem letzten Gruppentreff? Wie bin ich heute hier?

Gemeinsames Essen und Einführung ins Thema – 30 Minuten

Currywurst und Bier oder Softgetränke. Die Getränke stehen auf den Bierdeckeln, die oben benannt sind. Gespräche am Tisch durch Trauerbegleiter unterstützt.

Während des Essens wird eine Packung Papiertaschentücher (sie können anschließend als Servietten benutzt werden) mit der Frage »Wann hast du das letzte Mal geweint oder geheult?« herumgereicht. Jeder Teilnehmer nimmt sich ein Taschentuch und beantwortet die Frage. Dabei ist es natürlich auch möglich, mit »Ich weiß es nicht« zu antworten.

Austausch in der gesamten Gruppe – 70 Minuten

Die Gruppenleitung erzählt das nachfolgende Fallbeispiel oder eines aus der eigenen Praxis:

> Lukas ist sieben Jahre alt, seine Mutter stirbt an Krebs. In der Schule fällt er nach Wochen auf, weil er seinen Mitschülern gegenüber aggressiv reagiert und als Klassenclown auftritt. Von der Trauerbegleiterin befragt, ob er Traurigkeit kennt, nickt er. Er legt beide Hände auf den Bauch und sagt: »Die Traurigkeit, die fängt hier unten an. Und dann steigt sie hoch«, dabei fährt er mit der Hand mittig über seinen Körper bis zum Hals hinauf. Dort lässt er die Hand liegen und fährt fort zu sprechen: »Und wenn die Traurigkeit hier angekommen ist, dann fang ich nicht an zu heulen! Dann hau ich drauf oder mache einen Witz, und dann geht sie wieder weg.« Lukas ist stolz auf sich, dass er den Trick gefunden hat, mit der Traurigkeit um Mutters Tod und die damit verbundenen Tränen umzugehen.

Lukas reagiert anders, als die meisten Mädchen reagieren würden, aber nicht untypisch für einen Jungen. Das Lied »Männer« von Herbert Grönemeyer wird eingespielt, Textzettel liegen auf dem Tisch zum Mitlesen aus.

Weitere Bierdeckel werden mit den Fragen in die Mitte des Tisches gelegt und dürfen von den Teilnehmern gelesen werden. Interessiert sich jemand für eine bestimmte Frage oder These, behält er den Bierdeckel bei sich.

Anschließend bittet die Gruppenleitung darum, die Untersetzer nach und nach vorzulesen, um darüber miteinander ins Gespräch zu kommen. Dabei muss auf die Redezeit geachtet werden, damit alle Teilnehmer die Chance haben, ein bzw. ihr Anliegen über die Bierdeckelkarte anzusprechen.

Abschlussritual – 10 Minuten

Der Gefühlswürfel geht mit der Frage um den Tisch: Wie gehe ich nun nach Hause?

Alltagsstress

Hintergrund

W. J. Worden benennt die Wichtigkeit, die Aufgaben in der Trauer zu sehen und anzugehen. Männer begreifen in der Trauer nach und nach das Ausmaß des Verlustes, sie erleben die Vielfalt, manchmal auch die Einseitigkeit der Gefühle. Und dazu ändert sich ihre Umwelt.

Wenn die Partnerin gestorben ist, sind plötzlich viele Aufgaben im Haushalt und in der Erziehung allein zu bewältigen. Aber auch für Männer, die z. B. um ihr Kind trauern, verändert sich der konkrete Alltag. Die Aufgabe, diesen veränderten Alltag und seine Abläufe neu zu erlernen, verursacht bei vielen Trauernden zusätzlich Stress. Daher das Thema »Alltagsstress«.

Material

Mit Fragen beschriftete Bierdeckel als Gesprächsanregung:

- Muss ich meinen Kindern nun Vater *und* Mutter sein?
- Mir kommen keine Tränen bei traurigen Filmen, aber bei lustigen muss ich manchmal wie ein Schlosshund heulen. Ist das normal?
- Meine Schwiegereltern strengen mich an.
- Meine Frau und ich trauern so unterschiedlich.
- Muss ich der Mann im Haus sein, sprich: meine Trauer unterdrücken und funktionieren?
- Ich glaube, es gibt viele Frauen mit Helfersyndrom.
- Der Gedanke, meinem Sohn ein gutes Trauervorbild sein zu müssen, löst bei mir Stress aus.
- Beim Joggen oder beim Bier kann man besser sprechen.
- Der ganze Haushaltskram geht mir auf den Geist.

- Haben andere Menschen in meinem Umfeld Erwartungen an mich, die ich nicht erfüllen kann? Oder nicht erfüllen möchte?
- Fühle ich mich ausreichend unterstützt?
- Erhalte ich manchmal ein Überangebot von Hilfe?
- Mit wem kann ich reden?
- Habe ich genügend Zeit für Dinge, die ich gerne mache?
- Habe ich (noch) ein Hobby?

Ablauf

Einstiegsritual – 10 Minuten

Der Gefühlswürfel geht mit der Frage um den Tisch: Wie geht es mir seit dem letzten Gruppentreff? Wie bin ich heute hier?

Gemeinsames Essen und Einführung ins Thema – 30 Minuten

Currywurst, Brötchen und Bier oder Softgetränke. Gespräche am Tisch durch Trauerbegleiter unterstützt.

Ein Stressball gefüllt mit Sand geht während des Essens mit der Frage reihum: Hätte ich heute so einen Ball gebraucht, um meinen Stress abzureagieren?

Austausch in der gesamten Gruppe – 70 Minuten

Die Gruppenleitung erzählt dieses oder ein Fallbeispiel aus der eigenen Praxis:

> Alex' Frau ist gestorben, er lebt nun mit seinen beiden Kindern, sechs und acht Jahre alt, alleine in der Wohnung. Er ist innerhalb seiner Kirchengemeinde gut integriert, erhält auch Unterstützung aus dem familiären Umfeld. Doch eines Tages platzt es aus ihm raus: »Mich nervt alles so an. Meine Mutter mischt sich in die Kindererziehung ein, der Schwiegervater schaut mich an, als würde er es hassen, dass ich lebe und nicht seine Tochter. Aus der Kirchengemeinde schellen andauernd zwei Frauen bei mir, meine Güte, die gehen mir mit ihrem ewigen »Kuchenvorbeigebringe« auf den Geist. Aber wenn ich den Kuchen nicht annehme, habe ich das Gefühl, ich muss die

auch noch trösten! Zum Tennisspielen komme ich schon seit Monaten nicht mehr … zum Glück kommen die Kinder und ich miteinander klar.« Die Frage, die sich Alex und viele andere Männer stellen, ist die, wie man nun den Alltag mit zusätzlich anfallenden Arbeiten z. B. im Haushalt und dabei noch die Trauer bewältigen kann. Zusammengefasst in: Wo bleibe ich?

Bierdeckel werden mit den Fragen in die Mitte des Tisches gelegt und dürfen von den Teilnehmern gelesen werden. Interessiert sich jemand für eine bestimmte Frage oder These, behält er den Bierdeckel bei sich.

Anschließend bittet die Gruppenleitung darum, die Untersetzer nach und nach vorzulesen, um darüber miteinander ins Gespräch zu kommen. Dabei muss auf die Redezeit geachtet werden, damit alle Teilnehmer die Chance haben, ein bzw. ihr Anliegen über die Bierdeckelkarte anzusprechen.

Abschlussritual – 10 Minuten

Der Gefühlswürfel geht mit der Frage um den Tisch: Wie gehe ich nun nach Hause?

Trauer am Arbeitsplatz

Hintergrund

Der Arbeitsplatz ist für manche Trauernde ein guter Ort, um sich abzulenken, anderen gibt er Stabilität im unsicher gewordenen Leben, wieder andere lassen sich krankschreiben, weil sie sich nicht arbeitsfähig fühlen. Die Gruppe gibt den Männern die Möglichkeit, über den Umgang mit der Trauer im beruflichen Leben zu reflektieren und ihre Erfahrungen auszutauschen.

Material

ein Arbeitshandschuh
Bierdeckel mit folgenden Fragen als Gesprächsanregung

- Erzählen sich Männer bei der Arbeit, dass sie eine Trauergruppe besuchen?
- Habe ich schon in Krankheitszeiten vom bevorstehenden Tod meiner Frau, meines Kindes etc. erzählt?
- Habe ich meine Arbeitszeit reduziert?
- Mache ich freiwillig Überstunden?
- Wird mein Gehalt im Haushalt stabil benötigt?
- Was hätte ich von meinem Chef aufgrund meiner Trauersituation erwartet?
- Bin ich derzeit als Chef »zurechnungsfähig«?
- Was hätte ich von meinen Mitarbeitern aufgrund meiner Trauersituation erwartet?
- Was mache ich, wenn mir bei der Arbeit die Tränen kommen?
- Wenn ich arbeite, geht es mir gut.
- Ich kann mich kaum konzentrieren.
- Habe ich mich schon mal aufgrund meiner Trauer krankschreiben lassen?

- Bin ich leistungsfähiger, leistungsschwächer geworden oder hat sich nichts verändert?
- Habe ich Urlaub geplant?
- Kann ich mich durch meine Arbeitskleidung (Anzug, Kittel) am Arbeitsplatz schützen?
- Habe ich eine Kur bzw. Vater-Kind-Kur beantragt?

Ablauf

Einstiegsritual – 10 Minuten

Der Gefühlswürfel geht mit der Frage um den Tisch: Wie geht es mir seit dem letzten Gruppentreff? Wie bin ich heute hier?

Gemeinsames Essen und Einführung ins Thema – 30 Minuten

Currywurst, Brötchen und Bier oder Softgetränke. Gespräche am Tisch durch Trauerbegleiter unterstützt.

Währenddessen geht ein Arbeitshandschuh reihum zu der Frage: Habe ich heute das bei der Arbeit geschafft, was ich schaffen wollte?

In der gesamten Gruppe – 70 Minuten

Die Gruppenleitung erzählt dieses oder ein Fallbeispiel aus der eigenen Praxis:

> Tom ist 42, seine Frau, die an Krebs erkrankt ist, liegt mittlerweile im Hospiz. Er fährt morgens vor der Arbeit kurz bei ihr vorbei, nach der Arbeit ebenfalls. Dann kümmert er sich um seine beiden Töchter, schaut die Schulaufgaben durch, sorgt für Tagespläne, spricht mit Schwiegermutter und Putzhilfe, die ihn beide unterstützen. Eines Mittags ruft er bei der Trauerbegleiterin an und sagt: »Ich habe da mal eine Frage. Wie schaffen das die anderen Männer, deren Frauen krank sind?« Die Trauerbegleiterin antwortet: »Die machen das meist so wie du. Gehen arbeiten, reden nicht unbedingt mit ihren Kollegen über die Sorgen. Irgendwie: Augen zu und durch. Ich kenne kaum einen, der mit seinen Arbeitskollegen darüber spricht.«

Diese Frage ist keine seltene, wenn man mit Männern in Trauerzeiten ins Gespräch kommt.

Deshalb ist es wichtig, dass Männer miteinander ins Gespräch kommen, wie Trauer, Alltag und Berufsleben passend gemacht werden, um einen neuen Weg ins veränderte Leben zu finden.

Die Bierdeckel werden mit den Fragen in die Mitte des Tisches gelegt und dürfen von den Teilnehmern gelesen werden. Interessiert sich jemand für eine bestimmte Frage oder These, behält er den Bierdeckel bei sich.

Anschließend bittet die Gruppenleitung darum, die Fragen nach und nach vorzulesen, um darüber miteinander ins Gespräch zu kommen. Dabei muss auf die Redezeit geachtet werden, damit alle Teilnehmer die Chance haben, ein bzw. ihr Anliegen über die Bierdeckelkarte anzusprechen.

Abschlussritual – 10 Minuten

Der Gefühlswürfel geht mit der Frage um den Tisch: Wie gehe ich nun nach Hause?

Frauengeschichten

Hintergrund

Im Traueralltag wird Männern häufig nachgesagt, dass sie Gefühle eher verdrängen oder ihren Verlust mit Ersatzbefriedigungen ausfüllen möchten. Verwitwete Männer suchen häufig deutlich früher als Witwen neue Kontakte und auch bei trauernden Männern in Partnerschaften spielt Sexualität häufig eine wichtige Rolle. Das kann auf sie selbst, Außenstehende, aber auch auf die eigene Partnerin verwirrend wirken, da Sex für Lust und Vergnügen steht, jedoch nicht als Trauerreaktion gesehen wird. Frauen sehnen sich oft mehr nach Zärtlichkeit, Sex ist weniger ein Thema. Dennoch: Trauer berührt das menschliche Herz und diese Berührung kann der Auslöser für lustvolle und letztendlich entspannende Gefühle sein. Aber auch Beziehungen können sich durch den Tod nahestehender Menschen verändern, insbesondere bei Witwern geraten Familiensysteme vorübergehend in eine Schieflage. Weil diese Themen im Alltag häufig tabuisiert werden, sind sie für die Gruppenarbeit umso wichtiger.

Material

ein Herrenparfum
Bierdeckel mit Fragen als Gesprächsanregung:

- Die Sterblichkeitsrate von Männern, die verheiratet sind, ist niedriger als ohne Ehe. Ein Grund, noch einmal zu heiraten bzw. verheiratet zu bleiben?
- Haben sich deine Sozialkontakte verändert?
- Viele Leute sagen, das Schlimmste, was geschehen kann, ist, dass ein Kind stirbt. Das würde bedeuten, es wäre eher auszuhalten, wenn die Partnerin stirbt. Wie siehst du das?

- Ich brauche keine Mutter für meine Kinder, ich brauche für mich eine Partnerin.
- Ich erlebe meine Frau nur noch trauernd, nicht mehr liebend.
- Sex wirkt bei Männern entspannend. Frauen hingegen müssen entspannt sein für Sex.
- Sex tröstet und entspannt.
- Kann Sex der Sprachlosigkeit einen lebendigen Ausdruck geben?
- Achte ich in Zeiten der Erschöpfung und Trauer auf mein Erscheinungsbild?
- Macht Trauer mich berührbarer?
- Ich werde meiner verstorbenen Frau immer treu sein.
- Könnte mir ein regelmäßiger Besuch beim Masseur guttun?
- Auch bei einer neuen Liebe würden meine Kinder bei mir immer an erster Stelle stehen.
- Wie wichtig ist es in Trauerzeiten um alte Eltern oder ein Kind, in denen man oft mehr sich selbst als andere spürt, die Partnerschaft zu pflegen?
- Viele Männer denken schon während der Krankheit ihrer Frau an eine neue Beziehung.
- Bedeutet Sexualität Geschlechtsverkehr oder verstehe ich darunter auch körperliche Nähe oder Beziehung?
- Wie werden meine Schwiegereltern auf eine neue Beziehung reagieren?
- Darf eine Freundin in dem Bett meiner Frau schlafen?
- Trage ich noch meinen Ehering?
- Würde ich Fotos meiner Frau abnehmen, wenn eine neue Frau ins Haus kommt?

Ablauf

Einstiegsritual – 10 Minuten

Der Gefühlswürfel geht mit der Frage um den Tisch: Wie geht es mir seit dem letzten Gruppentreff? Wie bin ich heute hier?

Gemeinsames Essen und Einführung ins Thema – 30 Minuten

Currywurst, Brötchen und Bier oder Softgetränke. Gespräche am Tisch durch Trauerbegleiter unterstützt.

Während ein Herrenparfum herumgereicht wird, wird die Frage gestellt: Erlebe ich es, dass ich als trauernder Mann als attraktiv wahrgenommen werde … auch ohne teures Parfum?

Austausch in der gesamten Gruppe – 70 Minuten

Die Gruppenleitung erzählt diese oder ähnliche Fallbeispiele aus ihrer eigenen Praxis:

> Die Tochter von Tom und Sandra ist bei einem Autounfall gestorben. Am Abend des Todestages hat Tom Lust auf Sex mit seiner Frau. Es irritiert beide, dennoch lassen sie sich darauf ein. Es tut ihnen gut und gleichzeitig macht es ihnen ein schlechtes Gewissen. Einige Wochen später sprechen sie mit einem Therapeuten darüber, der ihnen das als eine normale psychische und körperliche Reaktion erklärt und sie darin unterstützt, das zu tun, was beiden in Absprache miteinander guttut.
>
> Martins Frau ist an Krebs gestorben und schon drei Monate später befindet er sich in einer neuen Beziehung. Viele Leute, insbesondere Frauen, machen sich Gedanken dazu und vermuten, das sei viel zu früh für eine neue Beziehung.

Beide Beispiele machen deutlich, dass Trauer ein Gefühl ist, das man oft nicht nur mit sich selbst ausmachen möchte. Trauer berührt das Herz, den Bauch, den Kopf. Verluste lassen Neuanfänge erahnen und verändern vertraute Lebensgewohnheiten.

Die Bierdeckel werden in die Mitte des Tisches gelegt und dürfen von den Teilnehmern gelesen werden. Interessiert sich jemand für eine bestimmte Frage oder These, behält er den Bierdeckel bei sich.

Anschließend bittet die Gruppenleitung darum, die Untersetzer nach und nach vorzulesen, um darüber miteinander ins Gespräch zu kommen. Dabei muss auf die Redezeit geachtet werden, damit alle Teilnehmer die Chance haben, ein bzw. ihr Anliegen über die Bierdeckelkarte anzusprechen.

Abschlussritual – 10 Minuten

Der Gefühlswürfel geht mit der Frage um den Tisch: Wie gehe ich nun nach Hause?

Psychohygiene und Selbstschutz

Hintergrund

Sich in der Trauer Gutes zu tun oder sich notfalls vor zu vielen Hilfsangeboten zu schützen sind oft keine Themen, mit denen sich Männer im Alltag auseinandersetzen. Spricht man jedoch dieses Thema an, ist es etwas, wozu jeder etwas beitragen und auch lernen kann.

Material

Helm, Handschuhe, Mundschutz, Schutzbrille, Arbeitskittel, Sicherheitsschuhe

Bierdeckel mit Fragen als Gesprächsanregung:
- Wer oder was tut mir gut in der Trauer?
- Möchte ich getröstet werden? Und wenn ja, wie? Und wenn nein, wie tröste ich mich selbst?
- Benötige ich »Schutzkleidung«, um mich von der Trauer zu distanzieren?
- Wollen mich andere »schützen« und geben mir so zu wenig Gelegenheit zu trauern?
- Fällt es mir leicht zu trauern?
- Fühle ich mich in der Trauer schutzlos ausgeliefert?
- Gönne ich mir Auszeiten oder andere gute Momente? Welche?
- Fühle ich mich als Trauernder isoliert?
- Muss man(n) überhaupt trauern?
- Sollte ich öffentlich trauern?
- Was könnte ich reduzieren, was in meinem Alltag belastend ist?
- Sorge ich gut für mich?
- Ernähre ich mich gesund?

- Hilft Alkohol, besser zu trauern oder besser zu betäuben?
- Was hilft mir, meine Gefühle auszudrücken?
- Kann ich akzeptieren, dass ich erschöpft bin?
- Was bräuchte ich, damit es mir etwas besser oder sogar gut ginge?

Ablauf

Einstiegsritual – 10 Minuten

Der Gefühlswürfel geht mit der Frage um den Tisch: Wie geht es mir seit dem letzten Gruppentreff? Wie bin ich heute hier?

Gemeinsames Essen und Einführung ins Thema – 30 Minuten

Currywurst, Brötchen und Bier oder Softgetränke. Gespräche am Tisch durch Trauerbegleiter unterstützt.

Während die Schutzbrille in der Runde herumgeht, wird die Frage gestellt: Kenne ich das Gefühl: Die Trauer macht mich noch ganz kaputt?

Austausch in der gesamten Gruppe – 70 Minuten

Die Gruppenleitung erzählt dieses oder ein ähnliches Fallbeispiel aus ihrer eigenen Praxis:

> Klaus, Witwer und ehemaliger Bundeswehrsoldat, berichtet, dass seine Uniform ihm geholfen hat, sich im Auslandseinsatz von dem Leid und der Gewalt, die ihm begegnet sind, zu distanzieren. Georg, ein Onkologe, der um sein verstorbenes Kind trauert, bestätigt diese »Schutzkleidung«, er kennt dies auch aus seinem Berufsalltag, wenn er den Arztkittel anzieht. Wenn er ihn auszieht und zum Privatmann wird, würde er sich am liebsten ein unsichtbares Schutzschild zulegen, das ihn vor Dingen schützt, die ihn traurig machen.

Tagtäglich führen wir hygienische Handlungen an unserem Körper durch. Wir duschen morgens und waschen uns zwischendurch die Hände. Wenn wir in die pralle Sonne gehen, cremen wir uns mit einer Sonnenschutzcreme ein. Wie gehen wir jedoch mit unserem Inneren, unserer Psyche um? Wie schützen und pflegen wir sie, insbesondere in schweren, traurigen Zeiten?

Die Bierdeckel werden in die Mitte des Tisches gelegt und dürfen von den Teilnehmern gelesen werden. Interessiert sich jemand für eine bestimmte Frage oder These, behält er den Bierdeckel bei sich.

Anschließend bittet die Gruppenleitung darum, die Untersetzer nach und nach vorzulesen, um darüber miteinander ins Gespräch zu kommen. Dabei muss auf die Redezeit geachtet werden, damit alle Teilnehmer die Chance haben, ein bzw. ihr Anliegen über die Bierdeckelkarte anzusprechen.

Abschlussritual – 10 Minuten

Der Gefühlswürfel geht mit der Frage um den Tisch: Wie gehe ich nun nach Hause?

Über den Dingen stehen

Hintergrund

Trauergruppen können auch an ausgesuchten Räumen oder mit bestimmten Aktivitäten stattfinden, die vielleicht auf den ersten Blick wenig mit der Thematik zu tun haben. Wandern, Radfahren, Schnitzkurse ... Sich an diesen Orten, bei diesen Aktivitäten mit dem Thema Trauer auseinanderzusetzen, bringt neue Aspekte ins Gespräch und erleichtert manchen Männern die Auseinandersetzung mit der für sie vielleicht schweren Materie. In diesem Gruppenbeispiel wird ein Besuch im Hochseilgarten beschrieben.

Material

ein Stück Gurt und ein Zettel, auf dem die Fragen für das Beisammensein nach dem Klettern stehen

Ablauf

Einstiegsritual – 10 Minuten

Nach der Begrüßung wird ein Stück Gurt in der Runde herumgereicht: Wie bin ich heute hier?

Mit dem Gurt können die Teilnehmer anzeigen, wie sie da sind: schlapp, zittrig, angespannt, gespannt ...

Aktion

Das angeleitete Klettern im Hochseilgarten dauert in der Regel drei bis vier Stunden.

Gemeinsames Essen und Austausch

Beim anschließenden gemeinsamen Essen in einer Gaststätte können folgende Themen und Fragen angesprochen werden:

- Traue ich mir schwierige Situationen noch oder neuerdings zu?
- Der Gurt hält mich sicher. Fühle ich mich in meinem Leben noch sicher? Abgesichert?
- Bin ich derjenige, der für die Sicherheit anderer da ist? Und meine eigene dabei eventuell übersehe?
- Um zu klettern braucht es Haltung. Lasse ich mich im Alltag oft hängen?
- Um zu klettern braucht es Kraft. Spüre ich sie in mir oder bin ich oft schlapp?
- Wenn ich in die Höhe geklettert bin und nach unten schaue, kann das ein gutes Gefühl sein, »über den Dingen zu stehen«. Wenn ich meinen Alltag mal aus einer anderen Perspektive betrachte, kann es sein, dass dann manche Dinge an Wichtigkeit verlieren?

Abschlussritual – 10 Minuten

Das Stück Gurt vom Einstiegsritual wird in der Runde herumgereicht: Wie gehe ich heute nach Hause?

Danke!

Mein Dank am Ende des Buches geht an meine gesamte Familie und ganz besonders an meinen Mann Meinrad und meine Söhne. Ihr alle seid ein Grund für eine große Portion Lebenslust in mir. Herzlichen Dank an Marius Rupieper für die wertvolle Unterstützung unserer Öffentlichkeitsarbeit für die Familientrauerbegleitung.

Ein großer Dank an mein Team bei Lavia, an all die herzlichen, humorvollen und ernsthaften Menschen, die so wertvoll für die trauernden Familien und auch für mich sind! Danke an Chris Paul, bei der ich u. a. 2011 die Idee von J.W. Worden kennenlernte, die ich seitdem für den Familienbereich und mein LAVIA-Modell ständig praktisch weiterentwickeln und erlebbar machen kann.

Ein weiterer Dank geht an die Kinder und Jugendlichen aus den Trauergruppen, die zu Recht ausdrücklich sagen: »Ohne dass wir und ein Großteil unserer Eltern diese aufgeschriebenen Ideen nicht ausprobiert hätten, gäbe es das Buch ja gar nicht!« Und auch ohne Andrea Langenbacher, meine Lektorin, und Claudia Lueg vom Patmos-Verlag würde es dieses Buch nicht geben. Danke für die Unterstützung, ob in Gelsenkirchen, per Mail oder am Telefon!

Danke an die Männer und Frauen, die Lavia aufsuchten, aber auch an die Kollegen, Hospizler, Seminarteilnehmer, Journalisten, Kameraleute, Seelsorger, Ärzte, Bestatter und weitere, von denen mir viele langjährige Wegbegleiter geworden sind.

Danke an alle Unterstützer und Unterstützerinnen der gemeinnützigen LAVIA gGmbH. Ihr macht vieles in der Famlientrauerarbeit möglich. Denn Trauerbegleitung wird weder in Deutschland noch in anderen europäischen Ländern durch Krankenkassen oder den Staat finanziert. Deshalb freuen wir uns jederzeit über Spenden:

LAVIA gGmbH
www.lavia-gGmbH.de
Bankverbindung: DE74 36060 2951 00133 9016

Adressen und Literatur

Aus- und Weiterbildungen für Kinder, Jugendliche- und Familientrauerbegleitung nach dem Gütesiegel Familientrauerbegleitung

Mechthild Schroeter-Rupieper, Lavia Institut für Familientrauerbegleitung, Gelsenkirchen
www.familientrauerbegleitung.de

Alexandra Eyrich, ZwischenGeZeiten, Bamberg
www.zwischengezeiten.de

Kontaktadressen für Trauerbegleitung mit Kindern, Jugendlichen und/oder Erwachsenen

Deutschland

www.lavia.de, Gelsenkirchen
www.familientrauerbegleitung.de
www.trauart.de, Essen
www.conny-kehrbaum.de, Wiehl
www.trauerinstitut.de, Bonn
www.hopesangel.com, St. Augustin
www.nicolaidis-youngwings.de, München
www.zwischengezeiten.de, Bamberg
www.via-trauerbegleitung.de/ (online)

Österreich

www.trauerbegleitung-handgmocht.at
www.kindertrauer-undmehr.at
www.bildungsakademie-weinviertel.at
www.lebenskreise.at
www.dorisgilgenreiner.at

Schweiz

www.lebensgrund.ch
www.himmelskind.ch
www.stillsherises.blog
www.familientrauerbegleitung-koenig.ch

Weitere Adressen finden Sie nach Bundesländern geordnet auf der Homepage www.familientrauerbegleitung.de unter »Kontakt« und auf der Homepage von www.bohana.de

Fach-, Sach- und Bilderbücher, die zum Erarbeiten von Trauerthemen inspirieren

Thomas Achenbach, Männer trauern anders, Ostfildern [2]2022
Anne Booth, Ein Ort für meine Traurigkeit, Stuttgart 2021
Alexandra Eyrich, Und wenn sie DOCH gestorben sind… Möglichkeiten der Märchenpädagogik in der (Familien-)Trauerbegleitung, Berlin 2021
Kristin Heitmann, Lass mich einfach traurig sein, München 2019
Claudia Henning, Herzkosmos, Books on Demand 2018
Anja von Kampen, Knietsche und der Tod, Berlin 2019
Anke Keil, Als Frau Trauer bei uns einzog, Münsterschwarzach 2019
Jule Kienecker/Mechthild Schroeter-Rupieper, Hilf mir, wenn ich traurig bin. Ein Buch zum Trauern, Erinnern und Abschiednehmen, Ostfildern [3]2023
Barbara Lehner, Praxisbuch Trauerfeiern und Bestattungen. Trauernde verstehen – Abschiedsrituale gestalten, Ostfildern [2]2023

Chris Paul, Wir leben mit deiner Trauer, erweiterte Neuauflage, Gütersloh 2021
Mechthild Schroeter-Rupieper, Für immer anders. Das Hausbuch für Familien in Zeiten der Trauer und des Abschieds, vollständig überarbeitete Neuausgabe, Ostfildern [2]2022
Mechthild Schroeter-Rupieper, Geht Sterben wieder vorbei?, Stuttgart [6]2020
Stephanie Witt-Loers, Kindertrauergruppen leiten, veränderte Neuausgabe, Göttingen 2018
J. William Worden, Beratung und Therapie in Trauerfällen: Ein Handbuch, Bern [5]2018
Zeitschrift Leidfaden: Männer und Krisen – Trauer im Fokus, Heft 02/2013 (als Kindle-Ausgabe erhältlich)

Spiel- und Arbeitsmaterialien

Zum ab S. 32 vorgestellten Modell bietet LAVIA ein Gesellschafts- und Gruppenspiel: »Weg mit meiner Trauer« und weitere kreative Materialien an: www.familientrauerbegleitung.de

Facebook

Auf der Facebookseite »Familientrauerbegleiterin Mechthild Schroeter-Rupieper« sind wöchentlich Geschichten und Impulse für die Trauerarbeit zu finden.

Textnachweis

Jacqueline Beringer, Der ungebetene Gast, © Jacqueline Beringer, www.himmelskinder.net
Thomas Kirchner, My home is my castle, © Thomas Kirchner
Barbara Pachl-Eberhart, Wer bin ich?, © Barbara Pachl-Eberhart, www.barbara-pachl-eberhart.at

LAVIA
Trauermodell
Familientrauerbegleitung
Mechthild Schroeter-Rupieper
Funktionieren
Begreifen
Akzeptieren
Fühlen
Veränderung
Beziehungsort